JN037280

疫病の社会史

五味文彦

KADOKAWA

はじめに

新型コロナが猛威を振るい、変異種が次々に現れる今、今後はどうなってゆくのか、と不安が広がっている。そこで歴史的に疫病が社会に、政治に、そして文化にどのような影響をあたえたのかを見てゆけば、なにがしかの対策や見通しが得られるのではないか、と考えた。

そのため疫病の歴史を古代から現代まで考えてゆくが、単に疫病について見るだけでなく、その影響を与えたのが、どのような社会であったかをも見て行きたい。

疫病について、永観《えいかん》二年（九八四）に丹波康頼《たんばのやすより》が撰進した『医《い》心方《しんぼう》』には、疫における傷寒《しょうかん》、時行、温疫は、異なっていても中身は同じである、と記され、図書《ずしょ》寮では、疫癘《えきれい》、疫病《えやみ》、疫気《えきき》、時疫《じえき》、時気《じき》、時行病、悪疫など

図①『春日権現験記絵』の巻八の一段、疫病に悩む病人が住む小屋の屋根に、疫神が描かれている。

の呼称を記す。

本書で考える疫病とは、一定の時期に、同様な症状をもって多数の集団を侵す感染症をさし、『一遍聖絵《いっぺんひじりえ》』が所々に描く癩《らい》病（ハンセン病）は、感染病ではあっても、伝染性が著しく低く、疫病に含めない。

疫病の研究には、富士川游《ふじかわゆう》の大著『日本疾病史』があり、疾病の歴史年表と各疾病の症状や関連文献を網羅しているので、これに大いに学びつつ、各種文献や絵画、民俗事例を調べ、疫病の社会史と銘打って描いてゆく。

まずはその手がかりを、富士川著に載る鎌倉後期制作の『**春日権現験記絵**』の巻八の一段、「天下に疫病はやりて」という詞書《ことばがき》にそって、疫病に悩む病人が住む小屋の屋根に、疫神の描かれている**図①**に求める。

　塀に沿って建つ粗末な板壁の家の屋根から、赤鬼が家の中を覗《のぞ》き、中では男が嘔吐《おうと》し、吐《は》いたものを犬が食べ、女が男の額に手を当て、別の女が椀《わん》にいれた水を差し出しており、家の前で護摩を焚《た》いて祈禱《きとう》し、立ち去ってゆく法師陰陽師《ほうしおんみょうじ》の姿がある。

　平安《へいあん》中期の『政治要略』によれば、赤鬼は疫病を引き起こす「疫鬼」であって、腰に差す小《こ》槌《づち》を打って病気を引き起こすもの、と考えられていた。

　その『**政治要略**』には**図②**のような疫鬼を載せており、疫神は『和名抄』に「隠身の死魂神」と記されている。

　法師陰陽師とは、『枕草子』百五段に、「みぐるしきもの」の一つとして記す「法師陰陽師の紙冠して祓したる」であり、『宇治拾遺物語』にも、内記上《ないきしょう》人《にん》寂心《じゃくしん》こと慶滋保胤《よししげのやすたね》が、播磨《はりま》国に下った時、法師陰陽師が紙冠《かみかぶり》をして祓《はらえ》をしているのを見て驚いた話がある。

　寂心が、何のために紙冠をするのか、と尋ねると、祓戸の神が法師を忌まないから、と答えたという。朝廷に仕える陰陽師とは違った存在で、疫病の流行とともに現れたのである。

　『枕草子』の書かれた正暦《しょうりゃく》四年（九九三）夏頃から、咳疫や疱瘡《ほうそう》が流行し、六月二十日に清涼《せいりょう》殿で大般若《だいはんにゃ》経を転読するも、「人民咳疫」したので、八月に疱瘡の煩いを救うため調庸《ちょうよう》を免じている。その翌年、鎮西《ちんぜい》に発した疫病が京に侵入し、朝廷は三月二十六日に天下に大赦、調庸を免じ、四月十日に建礼《けんれい》門・朱雀《すざく》門で大祓を行った。

　二十四日には、宣旨によって京中路頭の病人を収養し、二十五日に八省《はっしょう》院の東廊で大祓、奉幣を行い、二十五日に伊勢《いせ》神宮以下の諸社に奉幣、五月三日には山陵使《さんりょうし》を派遣、十一日に五畿《ごき》七道《しちどう》諸国に仁王会《にんのうえ》を修するよう命じた。こうした対策をとるなか、五月十五日に三条油小路《さんじょうあぶらこうじ》の小さな井戸の水を飲めば、疾病を免れる、と「狂夫」が語ったので、都人士女がこぞって水を汲んだという。

　二十六日に諸司・諸家に石塔を立て疾疫を免れるように、という宣旨が出され、大赦が行われ、六月十六日に公卿《くぎょう》から庶民にいたるまでもが門戸を閉ざした。この猖獗《しょうけつ》を極めた疫病に、木工《もく》寮・修理職《しゅりしき》は神輿《みこし》二基を「北野の船岡の上」に安置して御霊会《ごりょうえ》を修し、仁王経の講説を行ない、城中から伶人《れいじん》を招いて、音楽を奏し、都人の士女は幣帛《へいはく》を捧《ささ》げ持った。

　これには「幾千万人」を知らぬ程の人が集まり、神輿を難波《なにわ》の海に送ったという。「朝議にあらず、巷説より起こる」とあって、民間主導によるものであるが、朝廷は八月八日に釈奠《せきてん》を行ない、大極《だいこく》殿で大般若経を転読した。

　長徳《ちょうとく》元年（九九五）二月九日、天下疾病で仁王会が行われ、改元して天下に大赦し、調庸を免じ、四月に諸国や宇佐《うさ》宮で大般若経と六観音《ろくかんのん》像を書写させたが、この四月・五月に関白藤原道隆《ふじわらのみちたか》以下「納言以上」の死者が八人、「四位・五位・侍臣」の死者が六十余人となり、都には死者が過半、道路に死骸が満ちた。

　長徳四年にも夏から「疫瘡遍発」し、京の男女には死者がはなはだ多く、長保《ちょうほう》二年（一〇〇〇）にも鎮西から京へと疫死者多く、かつて鎮西から来て石清水八幡《いわしみずはちまん》宮《ぐう》寺に定着した設楽《しだら》神（志多楽神）も、再び長和《ちょうわ》元年（一〇一二）に上洛《じょうらく》して二月八日に「船岡紫野」に到着した。

　さらに長保三年（一〇〇一）にも「天下疫死大盛、道路死骸、その数を知らず」ということから、「紫野に於いて疫神を祭り、御霊会と号す。天下疫疾による」「京中上下多く以てこの社に集会す。これを今宮と号す」とあって、神殿や神輿が造られ、紫野《むらさきの》の御霊会（今宮《いまみや》祭）が始まり、東西二条から「細男《せいのお》」が寄せられた。「道路の死骸、その数を知らず。天下男女の夭亡、半を過ぐ」という悲惨な状況下の御霊会であり、長和四年（一〇一五）には「天下咳病」「疫癘」によって、六月二十日に「京人、花園辺に神殿を建立し疫神を祀《まつ》る。疫神の託宣によりてなり」と、京の人々が紫野の花園《はなぞの》にも神殿を建て、疫神を祀り（『百練抄』）、御霊会を行っている（『小右記《しょうゆうき》』）。

こうした疫病の影響から御霊信仰が広がり、その信仰に由来する今宮祭が開かれた。神輿行列をともなう祇園《ぎおん》御霊会（祇園祭）では、毎年六月七日に御旅所に神を迎え、六月十四日に神が戻るが、その日に向けて民間から様々な芸能が奉納された。朝廷も「御霊会の馬の長《おさ》」の童を煌《きら》びやかな衣装に飾りたてて馬に乗せ、神幸行列に添えるようになった。

図②『政治要略』の疫鬼。国立国会図書館蔵

目次

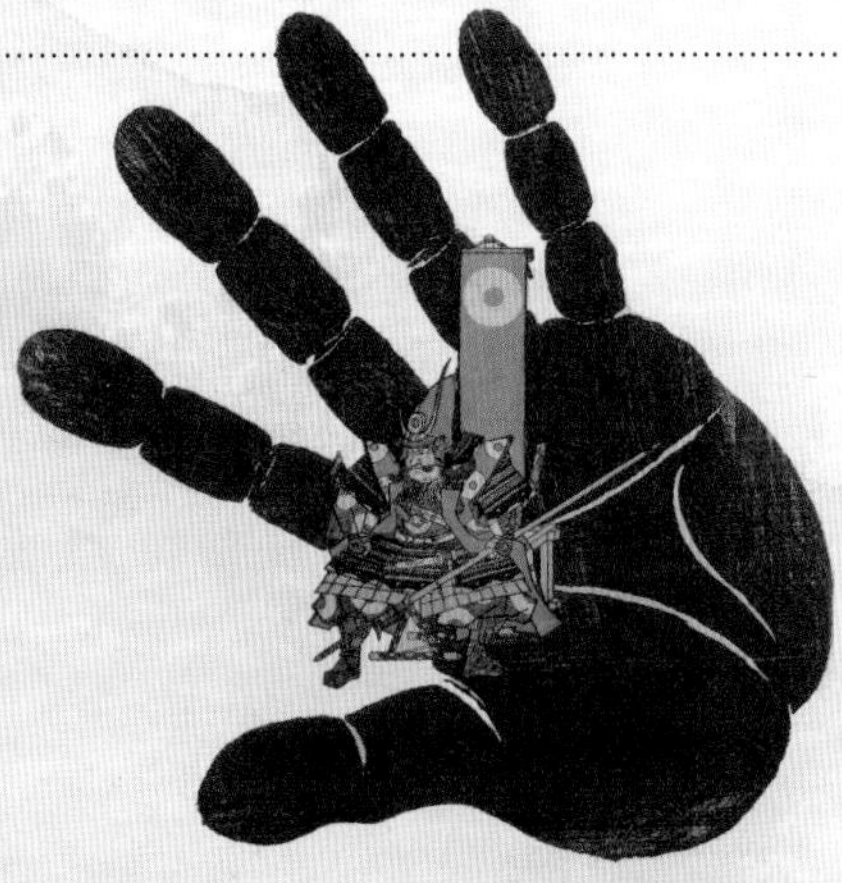

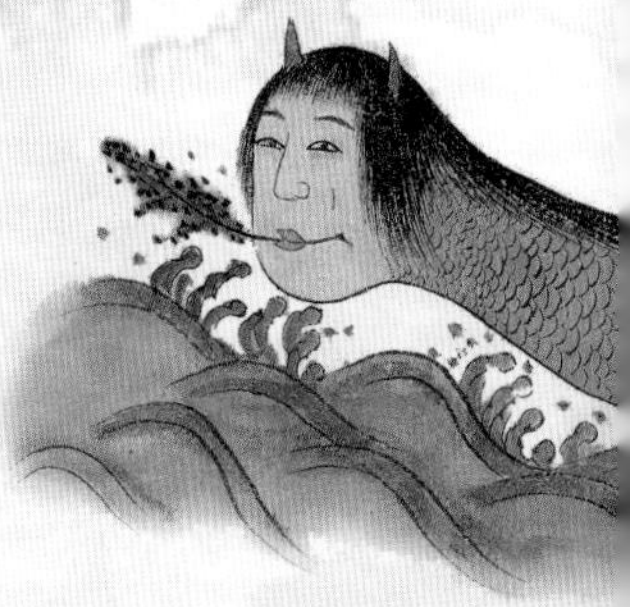

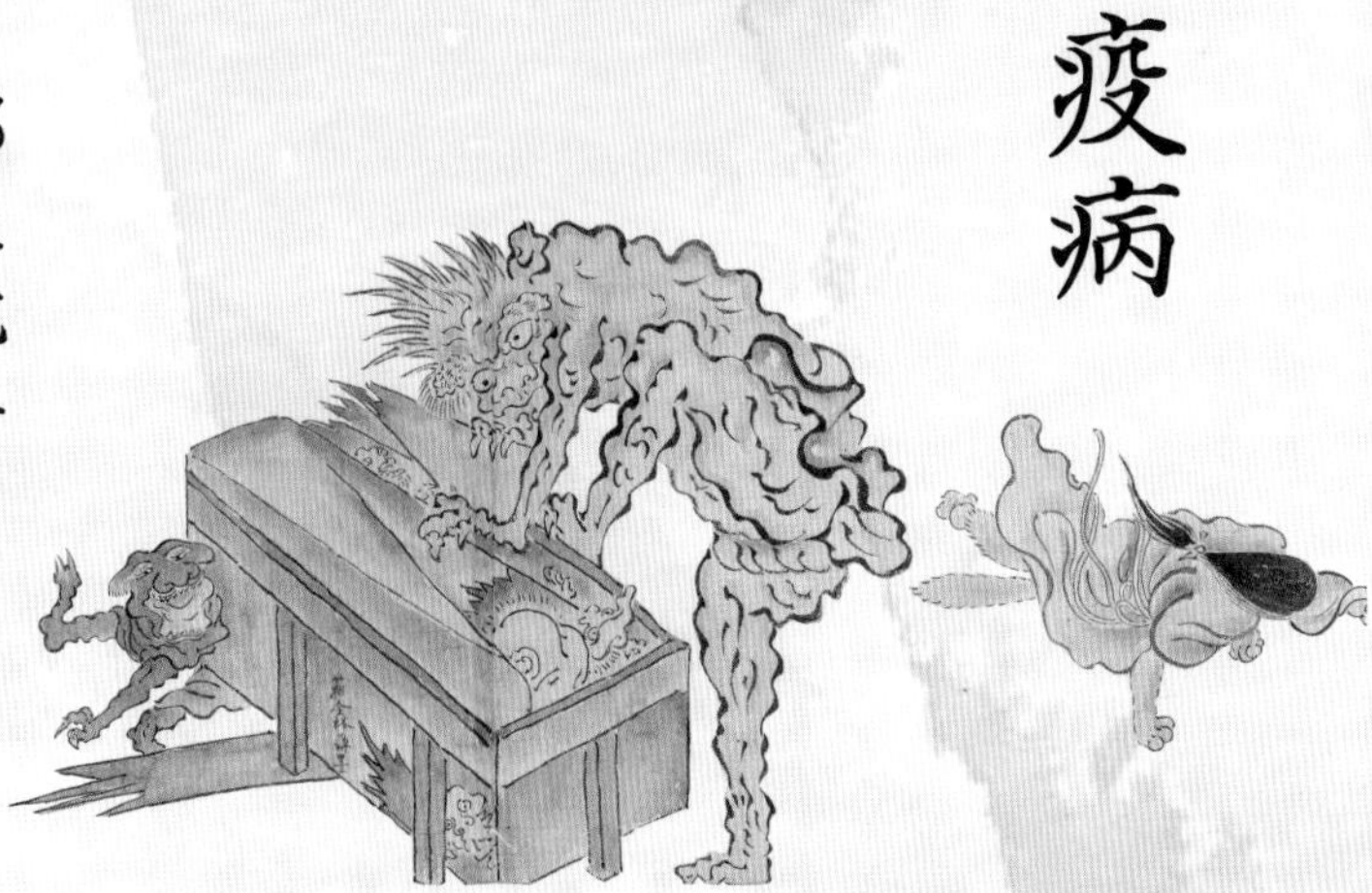

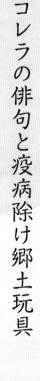

一 疫病の古代社会

図③『不動利益縁起絵』には、安倍晴明が三井寺の智興の病を弟子の証空に身代わりにさせ祈禱をする。ColBase（https://colbase.nich.go.jp/）

疫病と文化

A 疫病とともに御霊信仰にまつわる祭礼が始まり、華やかに繰り広げられるようになったのだが、それだけではなかろう。

B 藤原道長《みちなが》は政敵の公卿が多く亡くなったので、長徳元年（九九五）に実権を握って、右大臣・藤原氏長者《うじのちょうじゃ》になると、文学を愛好し、紫式部《むらさきしきぶ》・和泉式部《いずみしきぶ》などの文学者を娘彰《しょう》子《し》の女房としたので、文学の花が開いた。道長の栄華の様は『栄花物語』『大鏡』などの歴史物語に描かれている。

A 『十訓抄《じっきんしょう》』は、清少納言《せいしょうなごん》の話に始まって、「そのころは源氏物語作れる紫式部、ならびに赤染衛門、和泉式部、小式部内侍、小大君、伊勢大輔、出羽弁、小弁、馬内侍、高内侍、江侍従、乙侍従、新宰相、兵衛内侍、中将などいひて、やさしき女房どもあまたありけり」と、多くの女房の存在を記しているが。

B　清少納言の『枕草子』や紫式部の『源氏物語』などの女房文化の華が開いたのである。この時期の文化というと、国風《こくふう》文化と言われるのがそれだ。大陸からの唐物《からもの》の流入に応じる形で広がった。そうだ、唐物とともに大陸から疫病が入ってきたんだ。女房の文化だけではない。大江匡房《おおえのまさふさ》の『続本朝往生伝』は、一条天皇の代の「九卿」として藤原実資《さねすけ》、藤原斉信《ただのぶ》、公任《きんとう》、行成《ゆきなり》、源俊賢《みなもとのとしかた》、左扶義《すけよし》、平惟仲《たいらのこれなか》、藤原有国《ありくに》らをあげ、彼らは政務にたけていただけでなく、文化的にも大きな役割を果たした。

A　そういえば、京都に現れた多様な名人を記す『二中歴』には、読経の道命阿闍梨《どうみょうあじゃり》、能書の藤原行成、儒者の藤原明衡《あきひら》、陰陽の安倍晴明《あべのせいめい》、医師の丹波重雅《しげまさ》と和気正世《わけのまさよ》、仏師の康尚《こうしょう》・定朝《じょうちょう》など芸能・技能の名人が載っている。

B　鎌倉《かまくら》期制作の『**不動利益《りやく》縁起絵**』には、安倍晴明が三井寺《みいでら》の智興《ちこう》の病を弟子の証空《しょうくう》に身代わりにさせるための祈禱の**図③**が描かれている。祭文《さいもん》を読む晴明、依頼する智興、祭壇の向こうには智興に取りついた疫鬼たちがいる。話は病になった証空を不動《ふどう》尊が救って終わる。

A　疫鬼か、疫鬼にまつわる話はほかにないのかな。

B　あるよ。『大日本国法華経験記』の「信誓阿闍梨」の話。持経者《じきょうしゃ》の信誓《しんせい》が「天下に疫病起れり」の時、父母とともに病を受けて辛苦、「万死一生」(生命の危険にさまよう)のなか、夢を見た。「五色の鬼神」が集会し、冥土《めいど》に向かわせたことから、我は持経者である、と語るや、夢から覚め、病が治った。父母も死門に至っていたのだが、法華《ほっけ》経を読むと蘇《よみがえ》ったという。

A　そうか。ほかにもあるの。

B　『今昔物語集』には、天下に疫病が流行った時、ある「膳部《かしわでべ》」(料理人)の家に、赤い袍《ほう》に冠をつけた者が訪れて、「大納言伴善雄《ばんのよしお》といひし人なり。伊豆国に配流せられて、早く死にき。それがと成りてあるなり」と名乗って、昔、公に仕え、国に恩があったので、疫病が流行しても、自分が願い、軽く済むようはからった故、心配しないように、と言い聞かせ、消え去ったという。

A　実在の人物が疫神として現れたんだ。

B　『**政治要略**』には、年末の追儺《ついな》の「鬼やらひ」で、方相氏《ほうそうし》が鬼の面に、金で四つのまなこをつくり、身に赤いものを着て、矛をとって疫病を追う姿が描かれている(**図④**)。

A　とはいっても、疫病がこの時代の文化を形成したわけではなかろうが。

B　疫病の大流行以前、様々な知識を記した書物が生まれていたことも大きい。源順《したごう》が、『万葉集』の訓を解釈して、万葉集の理解が進み、百科辞書の『倭名類聚抄』や詩文制作の手引書『作文《さくもん》大体』を著した。

図④『政治要略』の方相氏。国立国会図書館蔵

源為憲《ためのり》は『口遊《くちずさみ》』で諸般の知識を十九門に分類し、節を付けて暗誦《あんしょう》しやすい短文にまとめ、仏教説話や行事を記した絵巻『三宝絵詞《えことば》』も著していた。

A　広く教養の文化が成立しており、疫病はその文化の広がりを加速化したというわけか。

B　国風文化は、日本で独自に成長した和風・和様の文化であって、これが以後の文化の基調になった。

A　それは納得するが、疫病はこの後、どうなの。

B　「天下疫疾」や「世間疫疾」が続いて、朝廷はその都度、二十二社に奉幣し、大極殿で仁王経や寿命《ずみょう》経、大般若経などを転読させたが、長元《ちょうげん》二年（一〇二九）に京中の人が頭腫を患うと、「福来病」と称しており、疫神は福をもたらすとも考えられていた。

A　これ以前の疫病はどうなの。

B　天延《てんえん》二年（九七四）八月に「疱瘡」の災いを除くために紫宸殿《ししんでん》の前庭で大祓を行い、伊勢以下十六社に奉幣している。『大鏡』によれば、「疱瘡のおこりたるにわづらひたまひて」、一条摂政藤原伊尹《これただ》の子「前少将」藤原挙賢が、朝に亡くなり、「後少将」藤原義孝《よしたか》が夕べに亡くなっている。このことは『蜻蛉《かげろう》日記』にも記されている。

A　『口遊』や『三宝絵詞』が編まれた頃だね。まさに古典文化は疫病とともにあったことがわかる。

御霊信仰と称名念仏

B　天神こと菅原道真《すがわらのみちざね》が延喜《えんぎ》三年（九〇三）に亡くなり、それから六年後の延喜九年の春・夏に疫病が流行、朝廷は五月に諸社に祈禱を命じ、臨時仁王会を開き、七月の相撲節会と九月の重陽の節句を止めた。

A　この年四月に藤原時平《ときひら》が亡くなったが、これは道真の怨霊のためと噂されたというよね。

B　その年のことと見られるのが、文人政治家の紀長谷雄《きのはせお》が、朱雀門の鬼と双六《すごろく》をして勝ったという話で、『**長谷雄草紙**』（**図⑤**）に描かれている。勝った長谷雄は、鬼から美女を得たが、触れてはならないと注意されていたのに、触れてしまい、美女は溶けて流れてしまう。そののち、長谷雄が車に乗っている、かの鬼が現れたので、「天満自在天神、助けたまえ」と叫ぶや、鬼は消え去ったという（**図⑥**）。

A　鬼は赤く、疫鬼と考えられるとしても、

図⑤『長谷雄草紙』の双六勝負の図。永青文庫蔵

長谷雄と道真と関係はあるの？　道真はいつ御霊になったの？

B　長谷雄は道真の弟子だ。二十年後の延《えん》長《ちょう》元年（九二三）、醍醐《だいご》天皇の皇子が亡くなると、「菅帥の霊魂の宿怨」によるという噂が広がり、驚いた朝廷は「菅帥」を本官に復して正《しょう》二位に叙したのだが、再び延長八年に疫病が猛威を振るい、六月二十六日の落雷で大納言藤原清貫《きよつら》らが亡くなり、続いて醍醐天皇も九月に没した。これら一連の変事から、道真の御霊に原因があるという信仰が定着した。

A　道真はこの時期に「天満自在天神」と考えられていたの。

B「天満自在天神」と考えられるようになるのは、後のことだが、絵巻の制作は後世なので誤って伝わったのだろう。

A　でも、鬼が疫鬼かどうかは、これだけではわからない。検討してほしいね。

B　うん、さらに調べてみるよ。天暦《てんりゃく》元年（九四七）六月から、疱瘡が多く発し、八月十九日に白米百石と塩三十籠を東西の京で施し、伊勢神宮以下十四社で疱瘡・赤痢、御薬平安の祈りを行ない、同九年（九五五）に残菊宴は疫病のため行われなかった。

A　白米や塩が京の庶民に与えられたんだ。

B　天徳《てんとく》元年（九五七）の疫病と飢饉《ききん》では、

図⑥『長谷雄草紙』車に乗っていると、かの鬼が現れた場面。永青文庫蔵

翌二年五月に朝廷は仁王経・般若経の転読を石清水社や賀茂《かも》上下社、松尾《まつお》・大原野《おおはらの》・稲荷《いなり》・平野《ひらの》の諸社、西寺《さいじ》御霊堂、上《かみ》出雲《いずも》御霊堂、祇園天神堂などの諸堂に命じている。

A 西寺御霊堂や上出雲御霊堂、祇園天神堂などは御霊信仰に関わる社寺だが、どうして南都《なんと》や延暦《えんりゃく》寺などの大寺、二十二社などの大社には祈禱を命じないのだろうか。

B この時だけ特別だ。宣旨には「病悩の消除」のためとあり、六月に醍醐天皇の皇女が亡くなり、宮中で病にかかる人が多かった。西寺御霊堂とは、東寺《とうじ》・西寺のうち西寺に鎮座した御霊堂、上出雲御霊堂は、紫野の東にあって出雲郷への出入り口に位置する後の上《かみ》御霊社の前身。祇園天神堂は、御霊会の行われた八坂《やさか》に興福《こうふく》寺僧が春日《かすが》社の水屋を延長四年（九二六）に移したもので、祇園感神《かんじん》院（祇園社）の前身だ。

A それぞれにはどんな御霊の神が祀られていたの。

B 石清水社や松尾・大原野社は平安京の郊外にあって、平安京と関わりの深い氏族の祀る神だが、祇園社は天神・婆梨《はり》・八王《はちおう》子《じ》の神を祀る。天神は牛頭天王《ごずてんのう》、婆梨は婆梨采女《さいじょ》でともに天竺《てんじく》の神であり、これと同様に、他の御霊堂も外部から侵入して祟《たた》りをなす御霊神だ。これらの神社や堂で、疫病を防ぐことで、京都の市街地が発展してきた。

A　そうであれば、道真を祀る北野《きたの》神社はどうなの。

B　これらよりやや遅れて鎮座したのが北野の天神社で、この地は平野社の東南に位置し、天皇の遊覧行幸に際し、御膳が供えられ、競馬が行われてきた（『類聚国史』『北山《ほくざん》抄』）（**図⑦**）。

A　この頃だったかな。空也《くうや》が称名念仏《しょうみょう》を始めたのは。

B　そう。天慶《てんぎょう》元年（九三八）に諸国修行した後、京の市に入って称名念仏を弘《ひろ》め、天暦二年（九四八）に比叡《ひえい》山で受戒、同五年に貴賤に勧進《かんじん》して、金色一条の十一面観音像と、六尺の梵天《ぼんてん》・帝釈天《たいしゃく》・四天王《してんのう》像の造像を行い、金泥の大般若経の書写事業を開始し、十三年かけて完成している。

A　そうか。疫病の広がりのなか大般若経の書写事業を行ない、称名念仏を弘めたんだ。疫病は天禄《てんろく》元年（九七〇）から毎年のように流行しているから、観音像の造像も疫病を鎮めるために行われたのだろう。空也の称名念仏は、疫病のひろがりとともに流布し、十世紀半ばの疫病は御霊信仰と称名念仏の広がりをもたらしたということになるのだが、では御霊信仰はどこまで遡《さかのぼ》るのかな。

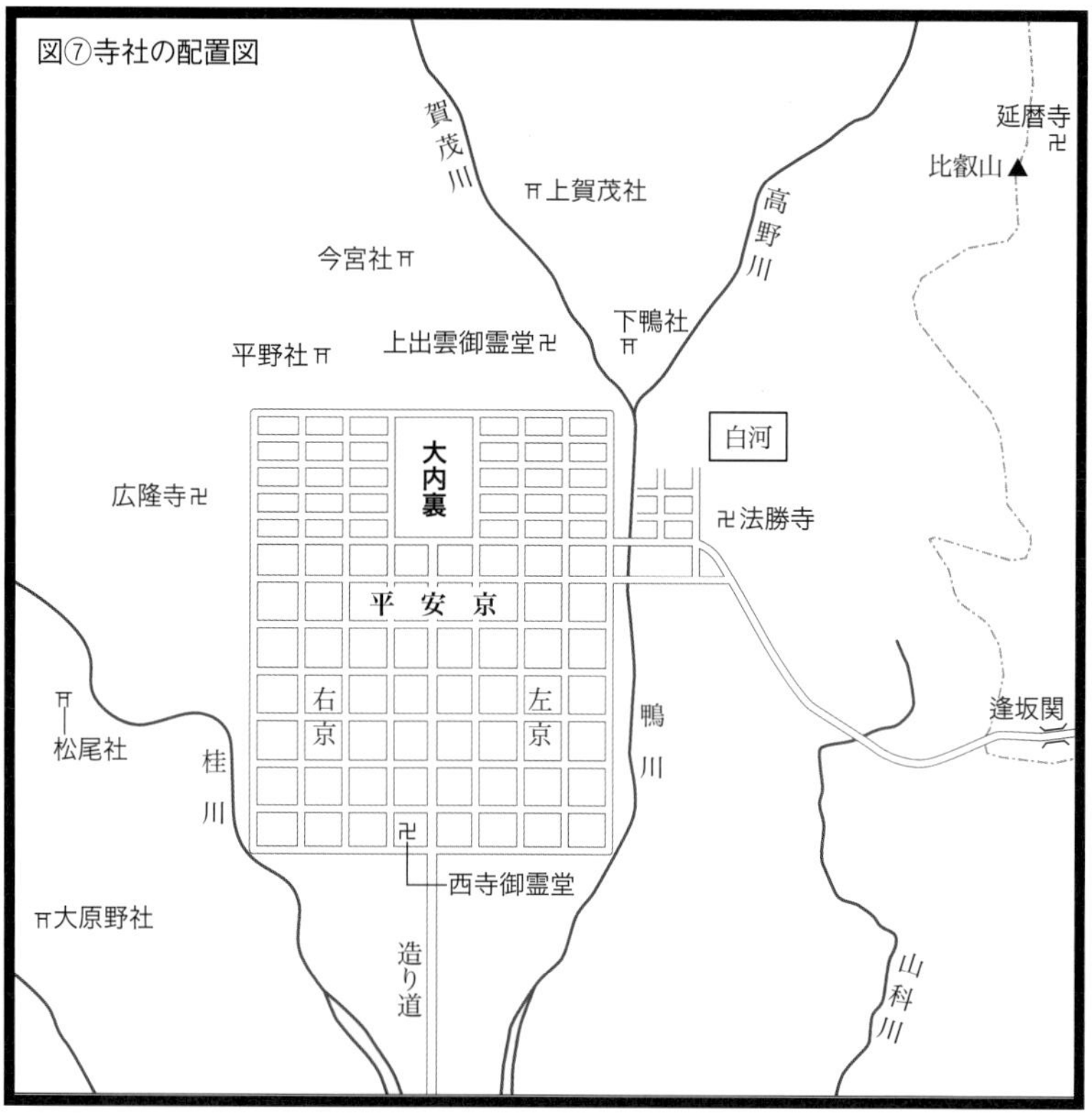

図⑦寺社の配置図

大地変動と疫病

B　承和《じょうわ》二年（八三五）の疫病は、「鬼神」がもたらしたと見なされ、南都や京の十五大寺で大般若経が転読され、三年後にも同じく転読が行われた。天安《てんあん》二年（八五八）には陰陽寮に命じ「城北の船岳」で疫神祭を修させている。

A　貞観《じょうがん》年間は「大地変動」といわれた時期だったので調べたことがあるよ。貞観五年（八六三）六月に越中《えっちゅう》・越後《えちご》で大地震、貞観六年（八六四）五月には、駿河富士《ふじ》郡の「正三位浅間大神」の富士山が噴火した。貞観十年（八六八）七月に播磨地震、貞観十一年五月に陸奥《むつ》の地が大震動、この時の貞観津波の被害は甚大で、溺死者が約千人、多賀《たが》城が損壊した。貞観十六年七月には薩摩《さつま》の開聞《かいもん》岳の噴火と続いた。

B　そうだったね。ただ列島を襲ったのは地震や噴火だけではなかった。「近代以来、疫病頻発し、死亡甚だ衆なり」と、多くの死者が出ている。貞観四年（八六二）の疫病では内裏や建礼門・朱雀門で大祓が行われたが、その効果はなく、疫病は崇道《すどう》天皇、伊予《いよ》親王、藤原吉子《きっし》、橘逸勢《たちばなのはやなり》、文室宮田麻《ふんやのみやたま》呂《ろ》など失脚した人々の「御霊」が原因であるとされた。

A　崇道天皇は、光仁《こうにん》天皇の皇子の早良《さわら》親王で、藤原種継《たねつぐ》の暗殺事件により皇太子を廃され、淡路《あわじ》に流される途中で死去、桓武《かんむ》天皇はその怨霊を恐れて崇道天皇の尊号を贈った。伊予親王は桓武天皇の皇子で、皇位継承に絡む謀反事件の首謀者という嫌疑をかけられて幽閉され、自害した。藤原吉子は、伊予親王の母で、親王とともに謀反の疑いで服毒自殺。彼らは光仁・桓武朝の謀叛事件から御霊と考えられるようになった。

B　そういえば、橘逸勢は承和の変の首謀者と見られ、伊豆《いず》に配流の途中で病死し、文室宮田麻呂は筑前守《ちくぜんのかみ》になった時に新羅《しらぎ》の海商張宝高《ちょうほうこう》と取引をしようとして謀反の疑いをかけられて伊豆に流された。貞観に近い事件で流罪となっている。

A　その祟りを鎮めるため、神泉苑《しんせんえん》で『金《こん》光明経《こうみょう》』『大般若経』の読経を僧に命じ、伶人に雅楽を、童に舞を行わせ、雑伎《ざつぎ》や散楽などの芸能で慰撫《いぶ》した。神泉苑で御霊会を開いたのは、御霊が内裏に侵入するのを阻止する意図による、とみられる。

B　大事な点は、神泉苑の四つの門が開かれ、都人が自由に観覧できたことであり、それには都人の強い要請が背景にあった。しかし疫病がいっこうに衰えないため、二年後に神泉苑で『般若心経』の読経を行ない、七条朱雀《しちじょう》で『般若心経』を読んでいる。

A　七条朱雀の地とは、大内裏から南下する朱雀大路と平安京を東西に走る七条大路とが交わる地だね、外国使節を迎える鴻臚《こうろ》館《かん》があったが。

B　そこで読経がおこなわれたのは、貞観十四年の疫病流行が渤海《ぼっかい》の使者が入朝したことにともなう「異土の毒気」による、という噂が流れているのと関係する。疫病の流行は渤海の入朝や新羅・唐《とう》の商人たちの活発な動きによると考えられたのだろう。貞観十一年（八六九）に新羅の海賊が博多《はかた》を襲う事件が起きたが、その年の疫病では鴨《かも》川の東の八坂郷で祇園御霊会が開かれ、祀られた神輿が神泉苑に送られた。『祇園社記』は「六月七日、六十六本の矛を建つ。同十四日、洛中男児及び郊外百姓を率い、神輿を神泉苑に送り、以て祭る。是れ祇園御霊会と号す」と記しており、祇園祭の始まりという。

A　それは伝承であって、この時に恒常的に始まったとは考え難いね。

B　貞観年間に『儀式』（『貞観儀式』）が編《へん》纂《さん》されたが、毎年の年末に疫鬼を追い払う年中行事の追儺の記事に、東は陸奥国、西は五島《ごとう》列島の遠値嘉島《とおちか》、南は土佐《とさ》、北は佐《さ》渡《ど》よりも外側に疫鬼が住んで、穢《けが》れていると記されている。延喜五年（九〇五）編纂の『延喜式』は、宮城四隅疫神祭・畿内堺十処疫神祭・道饗《みちあえ》祭について、疫癘をもたらす鬼魅を、畿内に通じる国堺で饗応《きょうおう》し、京に入らせないようにする祭である、と記している。

A　内裏を起点に平安京、畿内、日本列島に及ぶ同心円的な防疫システムが作られたわけだ。その内裏を描くのが『**信貴山縁**《しぎさん》**起**』（**図⑧**）の飛倉の巻である。寛平《かんぴょう》元年（八八九）には京の賀茂社で臨時祭が創始されたが、この祭も疫病と関連しているのだろうか。王城鎮護の祭が防疫システムを支えたと考えられるが。

B　『大鏡』の裏書によれば、賀茂の神が秋にも祭礼が欲しい、と神託したことから、多くの芸能が賀茂の神に奉納された。日本列島を襲った災害の脅威が避けられなかったのは、神の威力が衰退したからであり、神はその威力を取り戻すため芸能を要求し

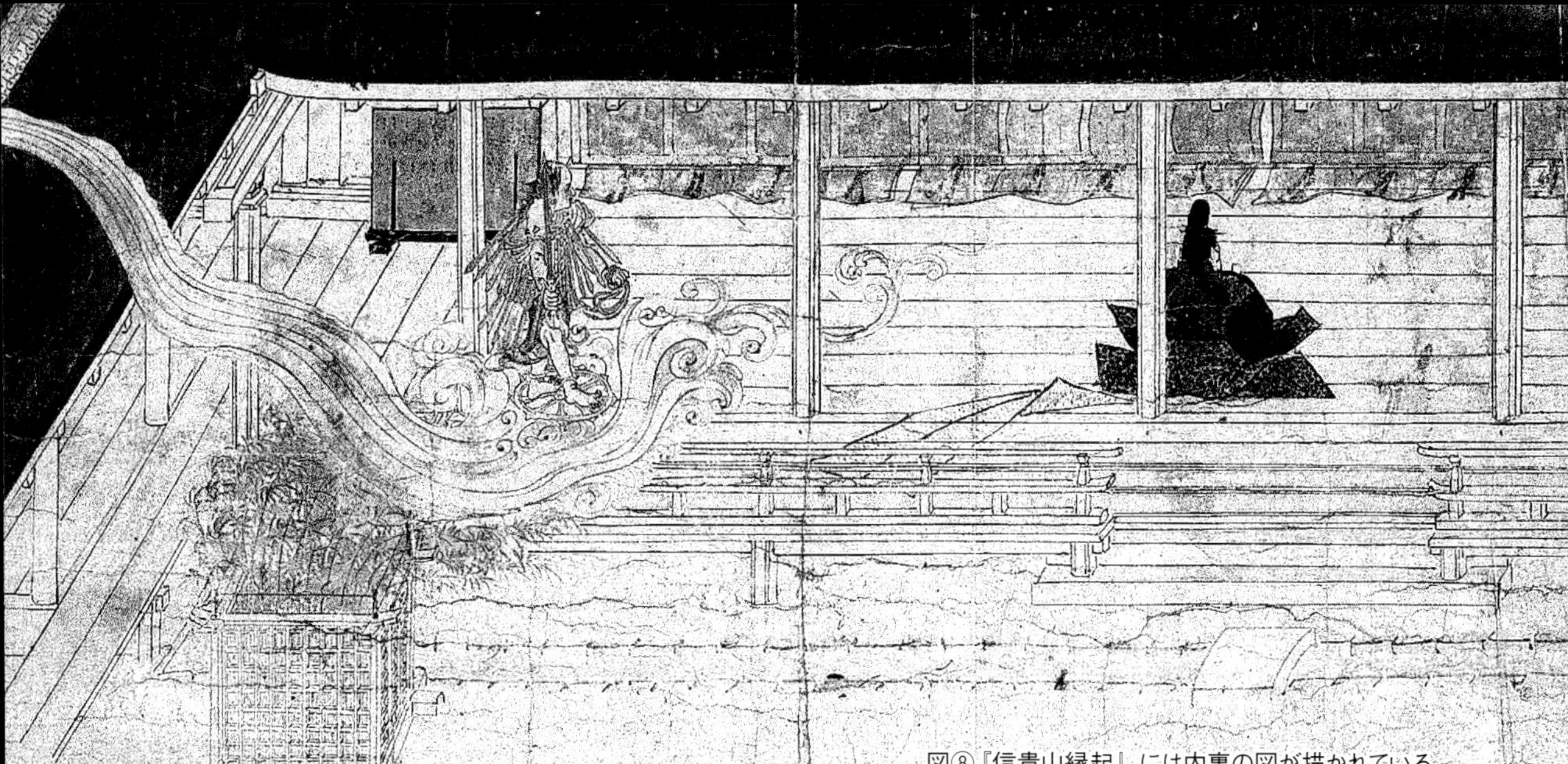

図⑧『信貴山縁起』には内裏の図が描かれている。

たのだろう。

A　昌泰《しょうたい》元年（八九八）三月にも疫癘を消すため十五大寺で金剛《こんごう》般若経を転読し、四月に京中外囲の八社に奉幣、六月二十日に天下疾疫により宣命の使者が藤原夫人《ふじん》の墓に派遣されている。

このような列島規模での災害や疫病、外敵の侵入などの変動は、多くの対応を政治に迫ったことから、その治世を担うことで始まったのが、藤原良房《よしふさ》による摂関《せっかん》政治であって、良房は伴大納言《ばんだいなごん》を応天門《おうてんもん》の変で失脚させて伊豆に配流したことから政権を確立させた。

B　そうすると、この時の疫病は、御霊信仰の定着、祇園御霊会や賀茂臨時祭の創始、摂関政治の始まりに大きな影響を与えたことがわかるね。

空海と疫病

A　空海の生涯を調べていたところ、疫病の流行と関係の深いことがわかった。大同《だいどう》元年（八〇六）八月、唐から帰国して、新訳の経論や胎蔵界《たいぞうかい》・金剛界の両部大曼荼羅《まんだら》、密教法具など最新仏教の文化体系化を将来したが、その翌二年十二月、大宰府《だざいふ》は大野《おおの》城《じょう》の寺の廃止から四天王像と法物が筑前の金光明寺に移されて以来、疫病が甚だしくなったので、本所に戻して欲しい、と訴えてきた。

B　帰国とともに疫病が流行していたんだ。

その時、京中では疫病に悩む者に賑給《しんごう》がなされ、翌三年正月にも、京中の疫病人に賑給があり、街路の骨に腐肉のついた死者の埋葬が行われたので、勅《ちょく》が出された。「疫癘まさにさかん」で、死者が多い故、病苦を救うべく、畿内・七道諸国に大般若経を読ませ、京中の病人に米や塩などを与えている。二月には往還の百姓が病によって飢渇して死亡する者が多いので、飢疫を言上した国については、調を免じ、病饉諸国の郷邑《きょうゆう》を巡見し看養するよう、また、骸骨を収斂《しゅうれん》するよう、命じた。

A　二月二十四日、天下の疫気が盛んなため、大極殿で名神に祈禱し、三月には天下諸国に仁王経を講じさせ、内裏や諸司左右京職にも仁王経を講説させた。

B　この事態に平城《へいぜい》天皇は「朕の不徳」「朕の過」と述べ、疫癘対策を講じることを表明し、今年度の調を免除、国司に郷邑を巡見させて医薬を与え、国分二寺《こくぶんにじ》で大乗《だいじょう》経を読ませ、左右の京にも使者を派遣し賑給させた。天変地異の原因が為政者の不徳の現れであるとして「仁政」を行う徳政の表明である。

A　空海は、疫病に迎えられ帰国したとはいえ、嵯峨《さが》天皇の即位とともに入京しており、その大同四年九月、旱疫《かんえき》民の疲れから諸国の役夫が停止されているので、疫病によって入京が遅れたのではないらしい。弘《こう》仁《にん》三年（八一二）十一月に高雄山寺《たかおさん》（後の神《じん》護《ご》寺）で、金剛界結縁灌頂《けちえんかんじょう》を開壇し、嵯峨天皇のために宮廷鎮護の祈禱を行っている。翌年にも天下一同の疫病が流行するなか、八年にインド・中国の聖地仏閣にならって高野山《こうや》を「深山の霊地」の道場としてその下賜を申請した。

B　翌年にも疫病が流行したので、天皇は天下諸国に金剛般若経の転読、禊《みそぎ》の法を修させたが、この時の疫病の様を描いているのが**『弘法大師行状絵詞』**巻七の五段である。

A　詞書に「弘仁九年の春、天下疫疾の災ひ起こり、国中夭死の物多くして、原野人の屍を厭ひ、閭閻鬼の住処と成りしかば」とあり、天下が疫病で死者多く、原野が人の屍《しかばね》で満ち、村里が鬼のすみかになってしまったので、嵯峨天皇が『般若経』を書写し、空海がその『般若心経』で祈ったところ、蘇生《そせい》した人々が道に溢《あふ》れ、夜が変じ、日光が輝いたという。

B　絵は、あるいは小屋から這《は》い出し、あるいは小屋に横たわって反吐《へど》を吐く男や、鍋の前に座って火加減を見る女、死骸を食う犬、病人の前にたむろする烏などを描く（図⑨）。

A　続いて空海が内裏で唱導している場面（図⑩）では、その講演に寄せられた布施が人々に与えられ、これによって庶民が路上で安穏に食事をとっている。

B　南北朝《なんぼくちょう》期制作の絵だけに、烏帽子《えぼし》姿の男がいるなど、不自然な点もあるが。

A　この時の『般若心経』による祈禱が認められ、空海は弘仁九年十一月に高野山に登り、七里四方に結界を結んで伽藍《がらん》建立に着手した。同じく唐に渡って空海より一足早く帰朝した最澄《さいちょう》は、弘仁三年（八一二）に東国《とうごく》へ布教の旅に出かけ、下野《しもつけ》大慈《だいじ》寺や上《こう》野《ずけ》緑野《みどの》寺に多宝塔を建立し、弘仁九年（八一八）に比叡山上に大乗戒《だいじょうかい》を設立すると宣言し、比叡山を「法界の地」として結界し、清浄な場での宗教的な純粋性に基づく戒壇設立へと動いた。

B　君は、最澄も天下疫病に遭遇していたのであれば、空海と同じく、疫病により結界の地が比叡山とにつくられ、ひいては真《しん》言《ごん》宗・天台《てんだい》宗の流布へとつながっていった、と言いたいんだ。それは少し言い過ぎじゃあないの。

A　いや、最澄までそうだった、というわけではないが、同じ時期に霊場が与えられており、何らかの関連があると見ている。空海は、弘仁十二年に讃岐《さぬき》の満濃《まんのう》池の修築に力を注ぎ、十三年に東大《とうだい》寺に真言院を建立し、翌年に東寺を真言密教の道場とした。その翌弘仁十四年にまたしても「天下大疫」が起きたので、東大寺で薬師《やくし》法《ほう》が修され、諸国や京中で賑給が行われた。

B　天長《てんちょう》三年（八二六）に編纂されはじめた養老令《ようろうれい》の注釈書『令義解《りょうのぎげ》』には、大和《やまと》の大《おお》神《みわ》・狭井《さい》の両神社に奉幣する花鎮祭について、春の花が飛散する時、疫神が分散して癘をなすため、それを鎮めるために祭を執行する、と記されている。

御霊信仰と疫病

A　天平宝字《てんぴょうほうじ》二年（七五八）に朝廷は京・五畿七道の民の苦を問い、貧病・飢寒を救うための問民苦使《もんみんくし》を派遣、天平宝字四年（七六〇）三月、東は伊勢・美濃《みの》・若狭《わかさ》、西

は周防《すおう》・伊予の十五か国（畿内を除く）の疫疾により、賑給を行い、五月の疫疾流行には巡察使を派遣し、国司とともに患者を巡見して賑給を与えた。

B　これは淳仁《じゅんにん》天皇の代なのだが、朝廷は地域医療に積極的に乗り出したことがわかる。

A　天平宝字六年に陸奥、七年に摂津《せっつ》・山背《やましろ》などで疫病が流行、八年には志《し》摩《ま》・淡路・山陽《さんよう》・南海《なんかい》道諸国、石見《いわみ》国の疫により賑給が与えられ、宝亀《ほうき》元年（七七〇）六月に「京師四隅・畿内十界」で「疫神」を祀り、京師の飢疫者に賑給を与えている。

B　平城京《へいじょう》でも疫病が流行したのだが、発掘調査によって、排水の便悪く、悪臭が漂っていたことが明らかにされているので、それが疫病流行の一因と見られる。

A　宝亀三年に讃岐、四年に伊賀《いが》、そして五年二月十七日に天下諸国に「疫気」を攘《はら》う読経が行われ、四月には勅が出され、疫疾の者が多いので医薬を加えたが、平復することはなかったという。

B　宝亀元年に廃された光仁天皇の皇后・井上《いのうえ》内親王と、皇太子を廃された他戸《おさべ》親王が幽閉先で亡くなり、藤原蔵下麻呂《くらじまろ》も没すると、翌七年、井上内親王らの祟りを恐れた光仁天皇は、秋篠《あきしの》寺建立の勅願を発した。その開基の善珠《ぜんじゅ》僧正《そうじょう》が、山部《やまべ》皇太子（桓武天皇）の第一皇子として出生した安殿《あて》親王（後の平城天皇）の病気回復祈願を行ない回復させたが、宝亀八年には藤原良継《よしつぐ》、藤原清《きよ》成《なり》が相次いで亡くなり、光仁天皇や山部親王も死の淵《ふち》をさまよう大病になった。

A　その間の宝亀五年に全国の民に摩訶般《まかはん》若波羅密《にゃはらみつ》を読誦《どくじゅ》させ、同六年・八年にも畿内諸国で疫神を祭らせている。この一連の死や病気に原因について、国史は何も記していないが、宝亀五年から続いた疫病によるものと考えられる。

B　そうだが、井上内親王の怨霊によるともされており、その遺骨を改葬し「御墓」と追称し、墓守一戸を置いている。

A　御霊信仰の始まりだ。

B　宝亀九年（七七八）は、皇太子の病気平

図⑨『弘法大師行状絵詞』巻七の五段。人の前にたむろする烏などを描いている。東寺蔵

図⑩『弘法大師行状絵詞』空海が内裏で唱導している場面。東寺蔵

癒のため、東大寺・西大《さいだい》寺・西隆《さいりゅう》寺の三寺で誦経を行い、天下に徳ある政を示すために大赦の勅を発し、皇太子回復のために幣帛を伊勢神宮と天下の諸社に捧げ、畿内と畿外の各境界で疫神を祀らせている。明らかに疫病によることがわかる。この年には畿内諸国の三十歳以下の者の多数が「豌豆瘡」を罹患《りかん》し多くの死者が出た。

A　そうすると、桓武天皇が長岡《ながおか》京に遷都した一因には、疫病があったとは考えられない?

B　遷都は新たな政治を開始するために踏み切ったのだが、たしかに一因があったろう。ただ遷都はしても、延暦《えんりゃく》四年(七八五)に皇太弟《こうたいてい》早良親王が廃されており、その死後、日照りによる飢饉や疫病の流行があって、桓武天皇の夫人や皇后、皇大夫人高野新笠《たかののにいがさ》ら天皇の近親者の死が相次いだので、その原因を陰陽師に占わせたところ、早良親王の怨霊によるという結果が出たため、親王の御霊を鎮める儀式が行われた。

A　疫病と御霊信仰との関わりはこの時から始まったんだ。

B　延暦九年、前年の諸国での飢饉に続くなか、秋から京や畿内の男女三十歳以下のものが悉《ことごと》く「もがさ」に罹《かか》り、病に臥《ふ》す者多く、天下諸国に広がったという。

疫病と古代国家

A　大化《たいか》元年(六四五)の乙巳《いっし》の変により蘇《そ》我《が》政権が倒壊、大化の改新政治が始まってから久しく疫病の流行はなく、文武《もんむ》天皇紀二年(六九八)に、越後・近江《おうみ》・紀伊《きい》での疾病で医薬を給し、同四年に大和の疫病で医薬を給している。

B　限られた地域での疫病流行でも、医薬が与えられたんだ。
A　大宝《たいほう》元年（七〇一）に大宝令が施行され、典薬《てんやく》寮の職員に医官が補任され、臨床系医師が十人、医生四十人を教育する医博士が一人置かれ、薬園管理と薬園生六人を教育する薬園師も置かれ、内廷医療を担当する内薬司にも医師が置かれた。
B　唐の令制にそって、国家の医療体制が整えられたわけか。
A　慶雲《けいうん》三年（七〇六）閏《うるう》正月、政府は京畿と因幡《いなば》・三河《みかわ》・駿河《するが》の国などの疫病の流行で医薬を給して療治させ、神祇に祈禱させ、四月には河内《かわち》・出雲・備前《びぜん》・安芸《あき》・淡路・讃岐・伊予などの飢疫で使者を派遣、賑恤《しんじゅつ》している。
B　文武天皇の時代だが、この年には「天下諸国疫疾」で百姓が多く死亡したので、医薬を与え、賑給を行ない、初めて「土牛」を作って「大儺《たいだ》」（疫病神）を祀っている。
A　面白い習俗だね。これは後に年末の追儺（鬼やらい）の行事につながるのではないのかな。翌年二月に諸国の疫により大祓を行わせ、四月の天下疫飢に際し賑恤を行ったが、丹波・出雲・石見の三国は、最も甚だしいので幣帛を諸社に奉り、京畿・諸国には読経を命じた。以後、毎年、諸国で疫病が流行した。
B　それもあって、和銅《わどう》年間から平城京の造営事業が諸国の人々を疲弊させ、「諸国の役民が郷に還える時、食糧絶へ乏しく、多く道路に飢える人がその数少なからず、諸国の地、江山遥かに阻り、負担の輩、久しく行役に苦しみ、道に饉えるうること少なからず、率土の百姓、四方に浮浪して課役を忌避し、遂に王臣に仕える」という事態が生じている。
A　この困窮民が救いを求めたのが行基《ぎょうき》だ。法興《ほうこう》寺（飛鳥《あすか》寺）や薬師寺で学び、山林修行に入って優れた呪力・神通力を身につけ、民間布教を始めると、大量の困窮者、逃亡者や流浪者が行基のもとに集まったため、朝廷は「小僧行基」の布教活動を禁圧したが、行基集団は拡大を遂げ、京住の衛士や帳内《ちょうない》・資人《しじん》・仕丁《しちょう》・采女などから商工業者にまで信者を広げていった。
B　養老《ようろう》七年（七二三）の三世《さんぜ》一身法《いっしんのほう》が開墾を奨励したので、これを機に池溝開発を始めとする行基の活動は急速に広がり、その声望が各地で高まるなか、神亀《じんき》三年（七二六）六月に諸国疫病でだされた詔《みことのり》は、重病で昼夜苦しむ百姓を「朕が父母として、何ぞ憐《れん》愍《びん》を加へざらん」と語り、左右京職、五畿七道諸国に命じ、薬や穀を与えている。
A　光明《こうみょう》皇后が施薬院《せやくいん》・悲田院《ひでんいん》を設けたのは、この頃ではなかったかな。
B　天平《てんぴょう》二年（七三〇）に設けられ、諸国の職封《じきふ》・大臣家の封戸《ふこ》庸物で薬草を毎年進上することとされた。この年に疫病の報告はないが、これ以前の疫病を踏まえて設けられたものであり、以後の疫疾流行に大いに役立つことになる。
A　天平七年（七三五）七月十二日、大宰府管内で疫病により死者が多く出たという報告があったので、政府は神祇官に奉幣、管内諸国の大寺院に金剛般若経を読ませ、疫民に賑給、湯薬を与えるよう命じた。七月二十三日にも大宰府から、諸国に疫瘡が大いにおこり百姓が悉く臥《ふ》せ、貢調を停止して欲しいと訴えてきた。
B　この疫病は、疱瘡（天然痘）で、遣唐使派遣や新羅との通交も多かったので、大陸発と見られる。九月に新田部《にいたべ》親王、十一月に舎人《とねり》親王が死去、都にまで影響が及んで、朝廷は大赦を実施し、光明皇后は五月一日に仏典すべてを書写する一切《いっさい》経の書写を発願、聖武《しょうむ》天皇は天平七年（七三五）から内裏で一切経書写を開始した。その翌年、天皇は吉野《よしの》に行幸して疫病の調伏にあたるが、猛威は止まなかった。
A　天平九年には朝廷の首脳部をも襲い、

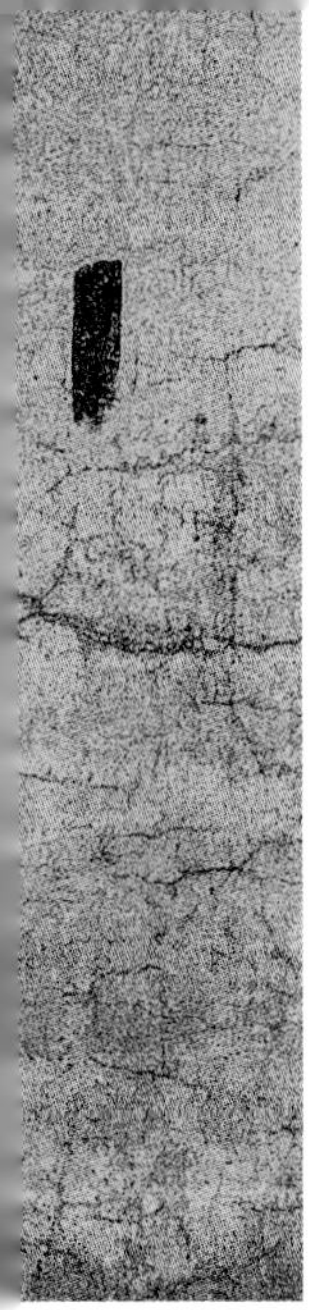

政権を握っていた藤原不比等《ふひと》の長子武智麻《むちま》呂《ろ》、次子房前《ふささき》、三子宇合《うまかい》、四子麻呂《まろ》らすべてが亡くなり、代わって政権を握った橘諸《もろ》兄《え》が首班となり、仏教政策を推進し、行政の手直しをはかった。

B　政権は、疫病に臥した時の身の治め方を詳しく記し、食べてはいけないものを幾つかあげ、症状にあわせた薬の使用についても記すなどしたが、即効性ある対策にはならなかった。

A　十一年九月、大宰少弐《しょうに》の藤原広嗣《ひろつぐ》が、諸国に災害が続くのは、僧正玄昉《げんぼう》や吉備真《きびのまき》備《び》を重用している今の政治が悪い、と訴えでると、天皇は広嗣の行為を謀反と断じ、大野東人《おおののあずまひと》を派遣して追討させた。東人は板《いた》櫃鎮《びつのちん》（豊前《ぶぜん》国企救《きく》郡）で戦って広嗣を破り、死刑に処した（藤原広嗣の乱）。

B　この乱の最中の天平十二年（七四〇）九月、天皇は諸国に観世音菩薩《かんぜおんぼさつ》像を造らせ、観世音経を写させ、十月に初めて『華厳《けごん》経』の講演を開いたが、この経は最新の中国仏教に基づくものであり、ここから華厳宗の官寺として東大寺の造営、大仏の造営へと向かうことになる。

A　この大仏を描くのが『**信貴山縁起**』尼《あま》公《ぎみ》の巻の図だね。尼が弟命蓮《みょうれん》の居所を尋ねて大仏の前で祈っている（**図⑪**）。

B　この大仏は源平《げんぺい》の争乱で焼かれる以前のもので、天平年間の姿だ。天皇は伊勢に行幸し、その途中で山城の恭仁《くに》京への遷都を決断するが、この造営には、弾圧していた行基の率いる集団を起用した。天平十五年（七四三）五月には墾田永年私財法《こんでんえいねんしざいほう》を発令し、開墾した土地は三世一身だけでなく、永年にわたり私財としてよいものとした。

A　なるほど、墾田永年私財法の発令など、政策の大転換には疫病が関わっていたわけか。空海の時も仏教信仰の広がりが疫病と関連していたのだが、仏教伝来の時にはどうだったのだろうか。

仏教伝来と疫病

A　この時代については、『日本書紀』を調べることになるが、その欽明《きんめい》天皇紀十三年（五五二）十月、百済《くだら》の聖明《せいめい》王が使者を倭《わ》国《こく》に派遣、釈迦《しゃか》金銅像や経論とともに仏教流通の功徳《くどく》を賞賛する上表文を献上した、と見える。

B　この仏像を見た欽明天皇が、仏教を受け入れるべきかどうか、諮問《しもん》すると、蘇我稲目《いなめ》が西の諸国は仏を拝礼しており、我が国だけがこれに背くことはできない、と受け入れを勧めるが、物部尾輿《もののべのおこし》・中臣鎌子《なかとみのかまこ》らは、我が国王の天下のもと、天地に八百十の神がいるのに改めて蕃神《ばんしん》を拝するならば、国神たちの怒りをかう恐れがある、と反対を表明した。

A　崇仏・廃仏で意見が二分したのを見て、天皇は仏教への帰依を断念するが、蘇我稲目には仏像を授け、私的礼拝や寺の建立を許可したので、稲目は飛鳥の小墾田《おはりだ》の家に仏像を安置した。しかし疫病が流行したことから、物部・中臣氏が「仏神」に国神が怒ったためである、と奏上したので、天皇は仏像の廃棄や寺の焼却を認め、有司に仏像を難波の堀江《ほりえ》に流させ、伽藍を焼かせたという。

B　疫病は廃仏の理由とされていたわけだが、その後はどうなった。

A　欽明紀十四年（五五三）五月、河内の泉《いずみ》郡の茅渟《ちぬ》の海で梵音がするとの報告から、渡辺直《わたなべのあたい》が派遣され、海に浮かんでいた楠木《くすのき》を天皇に献上すると、天皇は画工に仏像を造らせたという。

B　その後も、百済は五経《ごきょう》博士の王柳貴《おうりゅうき》に代えて、固徳馬丁安《ことくまちょうあん》を派遣、医博士・易博

図⑪大仏を描く『信貴山縁起』尼公の巻の図。朝護孫子寺蔵、奈良国立博物館寄託

士・暦博士を交替させ、採薬師や楽人を派遣するなど、仏教信仰の波は次々と日本列島に及んできたのだが、欽明天皇は正式に受容しなかった。

A　五七一年四月、欽明天皇が亡くなり、位についた敏達《びだつ》天皇は、「仏法をうけたまはずして、文史を愛みたまふ」と、仏法を信じずに文学や歴史を好んだ。だが、敏達紀六年（五七七）十一月に、百済の威徳《いとく》王が経論や律師・禅師・比丘尼《びくに》などの僧、造仏工・造寺工を送ってくると、難波の大別王《おおわけのおう》の寺に安置した。

B　蘇我馬子《うまこ》は敏達紀十三年に百済からの弥勒《みろく》の石像、佐伯連《さえきのむらじ》の仏像の二体を請け、修行者を探し訪ねた結果、司馬達等《しばたっと》の娘・善信尼《ぜんしんに》らが高麗《こうらい》の僧恵便《えべん》を師として日本人最初の出家者となった。

A　そうしたなか再び疫病が流行し、馬子も罹患すると、物部守屋《もりや》・中臣勝海《かつみ》らは蘇我氏による仏教崇拝が原因である、と訴え、敏達天皇の許可をえて、廃仏毀釈《はいぶつきしゃく》を実施、仏像の廃棄や伽藍の焼却、尼僧らの衣服をはぎ取り、海石榴市《つばくろのいち》で鞭《むち》打ちをした。

B　ところが、天皇も病に罹ったので、これに馬子は三宝《さんぼう》の力を借りなければ治らない、と天皇に申し、馬子独りに仏法が許されたので、新たに寺院を造って尼たちを迎えた。疫病は先に仏教受容を拒んだのだが、今度は受容を進めることになった。

A　しかし正式の受容はまだ先であって、敏達天皇が亡くなり、用明《ようめい》天皇が位につくと、天皇は「仏法を信けたまひ、神道を尊びたまふ」と、神仏をともに尊崇する立場をとった。用明紀二年（五八七）に病気になった天皇は、「朕、三宝に帰らむと思ふ。卿等議れ」と、天皇として初めて仏教の信受「三宝帰依《きえ》」を表明した。

B　豊国法師《とよくにのほうし》が天皇の治病のため内裏に召され、天皇臨終の際には、司馬達等の子の鞍部多須奈《くらつくりのたすな》が出家して道を修め、丈六の仏像を造りたい、と言ったので、天皇は悲しみ心を乱したという。

A　その用明天皇が亡くなると、位についた推古《すいこ》天皇はすぐ推古紀二年（五九四）二月に、「皇太子及び大臣に詔して、三宝を興し隆えしむ」と、「三宝を興す」と積極的に宣言し、以後、仏教は国家仏教として広がってゆく。推古紀十二年四月には聖徳太《しょうとくたい》子《し》は十七条の憲法の第二条で「篤く三宝を敬へ」と記した。

B　仏教伝来から時間がかかったのは、国家仏教として受け入れるのに時間を要したためであったが、その受容の一つのきっかけに疫病があったことになる。

二 中世社会と疫病

永長の大田楽

B　延久《えんきゅう》元年（一〇六九）年に荘園整理令が出され、荘園公領制が展開するようになってからの延久四年六月。疱瘡《ほうそう》が流行し貴賤に免れる者がなかったという。承保《しょうほう》二年（一〇八二）十月には「民庶の頓滅」により大極殿で三日間、大般若経を転読した。

A　応徳《おうとく》二年（一〇八五）七月、左右両京の諸条の辻毎に宝倉を造り、鳥居に額を打ち、「福徳神」「長福神」「白朱神」などと書いて「洛中の上下」が群集したので、検非違《けびい》使《し》が破却している（『百練抄』）。この神々は辻にある道祖神だろう。疫病の侵入を防いだり、追い出したりするんじゃあないの。

B　そうだが、これを検非違使が破却している。京中に堂舎を建てることを禁じているのは、巷《ちまた》の神を拝することを嫌い、民間の信仰の高まりを抑えようとしたのだろう。承暦《じょうりゃく》元年（一〇七七）には、上は院宮《いんぐう》大臣から下は庶民まで、皆「赤斑瘡《せきはんそう》」を煩っている。

A　「赤斑瘡」とは麻疹《はしか》のことだね。

B　寛治《かんじ》四年（一〇九〇）に疾疫から「非常の赦」を行ない、同七年十二月に「赤疱瘡」が再び流行、嘉保《かほう》元年（一〇九四）に及んだ。その翌年七月からの「穢気」により、翌永長《えいちょう》元年四月の松尾祭、当麻《たいま》祭などが延引となり、四月四日には広瀬《ひろせ》・龍田《たつた》祭も延引になった。

A　やがて六月十二日に京都の雑人が、この十日の間、田楽で遊興し、諸家の青侍・下部《しもべ》らがこの曲をなし、道路はこれで満ち、鼓笛の声を高く発して往来したというが、突然に起きたのは、どうしてなの。

B　巷の神への信仰が抑えられていたところに、四月の松尾祭が折からの疫病の穢《けが》れで延期になると、松尾の神が不満を抱いているという「童謡」が広まって、市中で田楽踊が広がった。公卿《くぎょう》や院近臣も楽器を演奏、踊りに加わる者が相次いだという。

A　松尾の神というと、天徳元年（九五七）の疫病から、翌二年五月に朝廷が仁王経・大般若経を転読していたが、松尾祭と田楽とは関係があるの。

B　そうね。『日本紀略』長徳《ちょうとく》三年（九九七）四月条に、松尾祭に山崎《やまさき》の津人《つにん》が田楽を行ったという記事がある。

A　それでか。祭停止の不満が田楽の踊りとなって現れたのだ。ところで田楽はいつごろから始まったの。

B　早くは治安《じあん》元年（一〇二一）に藤原道長が清和《せいわ》院で田植興を催した際、その伴奏として田楽が行われている（『栄花物語』）。遡《さかのぼ》れば、貞観六年（八六四）二月に山城の国司が太政大臣藤原良房の桜の花見に、郡司・百姓を率い「耕田の礼」を行ったとあって、それが楽をともなって田楽が演じられるようになったと考えられる。

A 『今昔物語集』に見える田楽とは少し違うようだが。

B そうね。十一世紀の半ば、近江の栗太《くりた》郡司が天台座《ざ》主教円《すきょうえん》に堂供養を依頼された際、聞き間違えて、舞楽ではなく、矢馳《やばせ》の津で鼓・バチやササラなどの田楽で迎えた話がある。田楽が隊伍を組んで行われるようになっていた。松尾祭の田楽はこちらのほうだ。

A では、永長の田楽も松尾祭の田楽と同じということになるわけだ。

B 永長の大田楽については、大江匡房『洛陽田楽記』に詳しい記事がある。

「閭里《りょり》よりはじまり、公卿に及ぶ。高足、一足、腰鼓、殖女、春女の類、日夜絶えること無し。喧嘩の甚、能く人の耳を驚かす。諸坊・諸司、各一部を成し、あるいは諸寺に詣で、あるいは街区に満つ。一城の人、皆狂えるが如し」

A まさに民間から始まった宗教的熱狂だ。

B 高足や一足などの軽業芸、腰鼓、振鼓、銅鈸子《どびょうし》、編木《ささら》など楽器による演奏集団、殖《うえ》女《め》・春女《つきめ》の農作業の集団などの田楽の専門集団と、その田楽にあわせて興じる人々の集団からなっていた。その後者については、前年五月に少納言藤原家俊が青侍十余人ばかりを引率し、「或は裸形を以てし、或は烏帽を放って」と京中を横行していたということがあった（『中右記』）。

田楽と疫病

B 田楽の流行とともに白河院《しらかわいん》は、六月の祇園祭に向け「院召仕の男女」四百人を供《ぐ》奉《ぶ》させ、蔵人《くろうど》町の童を六十人寄せるなど、祇園祭への関与を強めるなか、「万人」がその祭によせて、田楽を行ない、京中を席《せっ》捲《けん》したという。その装束は、善を尽くし、美を尽くす、錦繍《きんしゅう》を以て衣となし、金銀を以て飾りと為す、富める者は産業を傾けた、という。

A どうして白河院はこのように田楽に関わったのかな。

B もともと芸能には強い関心があり、特にこの時は愛娘《まなむすめ》の内親王（郁芳門院《いくほうもんいん》）が病弱だったので、その田楽観覧のため、多くの人々を参上させたんだ。それにともない、家々の人が党を連れて参り、少年ばかりでなく僧や俗人も群をなし、仏師や経師も同類を集め、「陵王《りょうおう》、抜頭《ばとう》」の舞を奏し、「文《ふ》殿《どの》の衆」も舞った、という。

A 殿上人や公卿をも巻き込んだんだ。藤原孝言や源有俊《ありとし》・有信、藤原季綱《すえつな》・敦基《あつもと》、菅原在良《ありよし》らも礼服を着、甲冑《かっちゅう》を被り、隊をなして院に参り、「鼓舞、跳梁」したという。彼らが堀河《ほりかわ》天皇の内裏に参ると、中納言藤原基忠《もとただ》が九尺の高扇を捧《ささ》げ、藤原通俊《みちとし》が両足に平藺笠《ひらいがさ》を着て、参議藤原宗通《むねみち》が藁《わら》尻切《しきれ》を着て舞った。あるいは裸形で、腰に紅衣を巻き、あるいは髻《もとどり》を放ち、田笠をいただき舞ったという。

B 白河院は、院御所の六条殿《ろくじょうどの》や内裏の閑《かん》院《いん》殿、女院《にょいん》御所などで、公卿・院近臣に華美な格好で田楽を行わせ、内親王や天皇とともに楽しむと、これに市中の田楽が合流、御所を中心に田楽踊が夜を徹した。

A ところが、八月七日に郁芳門院が急死したので、衝撃を受けた白河院が出家してしまい、それにともない田楽の流行は急速に鎮静化してしまう。大田楽は一過性のものだったが、疫病の原因は何かしら。これまでの例からすれば、大陸との交流が盛んな時期に、疫病が西から流行してきたが、貿易港の博多はどうなっていたの。

B 大宰権帥《ごんのそち》源経信《つねのぶ》が、永長二年（一〇九七）閏《うるう》正月に大宰府で亡くなった時、「博多にはべりける唐人ども」が「あまた詣で」来たことを、経信の子で歌人の源俊頼《としより》

が『散木奇歌集』に記しており、博多は唐人の住む港として栄えていた。

A ならば、かつて宋商《そう》は取引が終わると、大陸に帰ることになっていたが、博多に住み着くようになっていたわけだ。彼らは博多のどこに住んでいたのかな。

B 十一世紀末になって、貿易取引の場であった鴻臚館とは入海を隔てた博多浜が埋め立てられ、取引の中心はこの博多浜に移っていた。櫛田《くしだ》神社近くの遺跡からは、廃棄された輸入陶磁器やコンテナ用の結桶《ゆいおけ》が出土し、貿易陶磁の出土量が激増している。

A やはり、疫病は大陸から発していたように思えるが。

B ほかに史料がなく、何ともいえないが、その可能性は大きい。

A では田楽はその後、どうなったの。

B 田楽は多くの祭で奉納された。**図⑫**は**『年中行事絵巻』**の巻九の、御霊会の神幸行列の先頭を行く田楽法師の歩《かち》田楽で、編木を持って演じながら行進している。白河院は祇園祭を国王の祭となし、大治《だいじ》四年（一一二九）には「三院（白河・鳥羽《とば》・待賢門《たいけんもん》院）の北面の人」に馬長《うまおさ》、「武者所の衆」に田楽、院の近習《きんじゅ》・受領《ずりょう》に「種女」の調進を命じている。

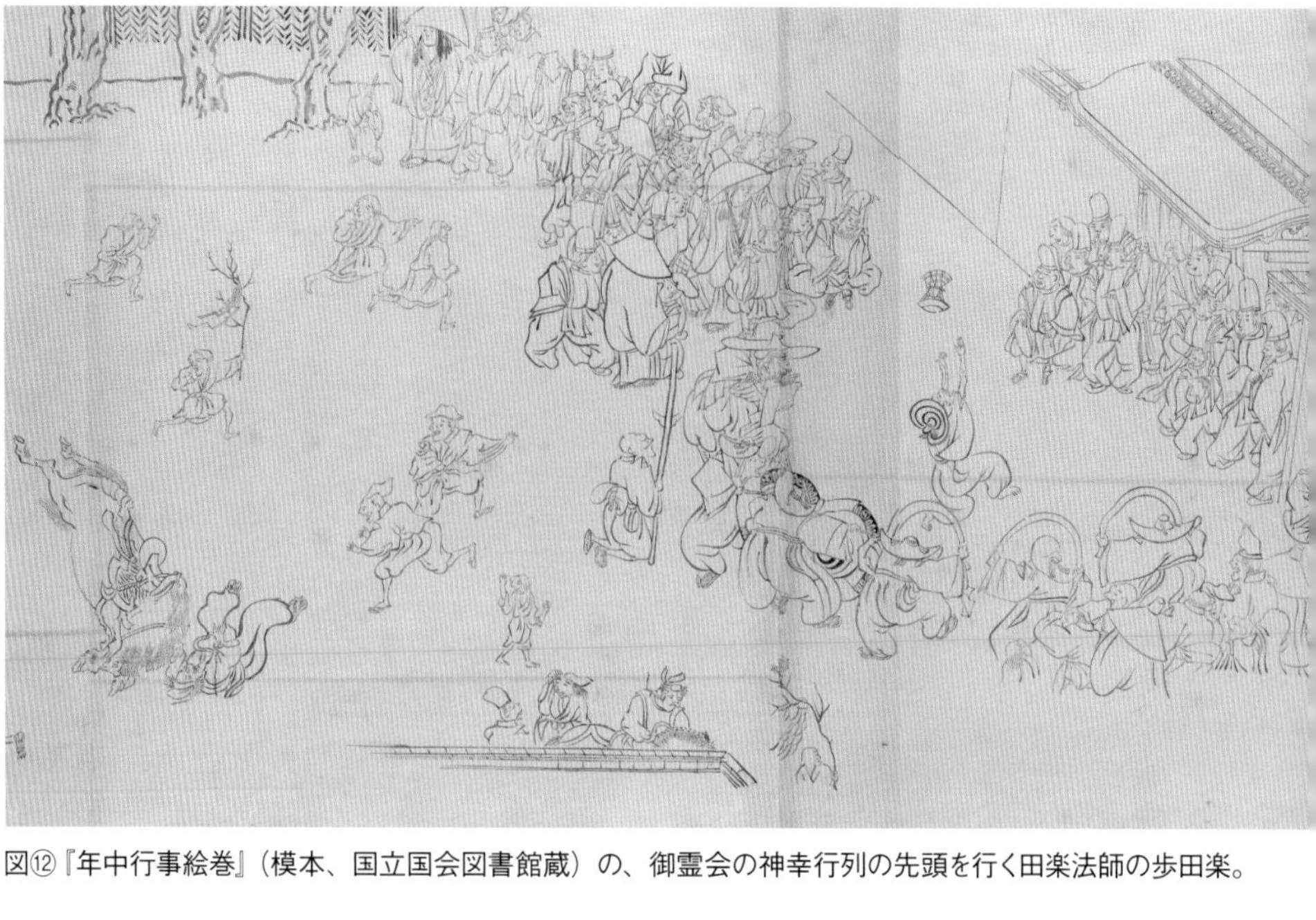

図⑫『年中行事絵巻』（模本、国立国会図書館蔵）の、御霊会の神幸行列の先頭を行く田楽法師の歩田楽。

図⑬『春日権現験記絵』巻二の二段。国立国会図書館蔵

武士と飢饉・疫病

B　白河院は国政を掌握すると、「国王の氏寺」法勝寺《ほっしょうじ》を建立し、勅撰和歌集を編纂《へんさん》、祇園祭への関与を強め、家格秩序の形成につとめ、武士を院北面に組織し、検非違使や受領に任じるなど登用し身辺を固めた。

A　石清水八幡の行幸では清和源氏《せいわげんじ》の源義《よし》家《いえ》とその弟義綱《よしつな》に警護をさせ、承徳《じょうとく》二年（一〇九八）に義家を院殿上人《いんのてんじょうびと》とし（『中右記』）、同年に若狭守に任じた伊勢平氏《へいし》の正盛《まさもり》を、天仁《てんにん》元年（一一〇八）に義家の子義親《よしちか》を討ったことで但馬《たじま》守に任じ、以後、西国《さいごく》の受領を歴任させ、海賊の追捕を命じた。

B　武士の話になると、詳しいね。南都北《ほく》嶺《れい》の強訴にも武士を起用した。永久《えいきゅう》元年（一一一三）四月、興福寺の衆徒が入洛をはかると、「天下の武者の源氏平氏の輩」を派遣したが（『中右記』）、この時の合戦を描くのが**『春日権現験記絵』**巻二の二段だ（**図⑬**）。朝廷派遣の官兵が宇治《うじ》の南の栗駒《くりくま》山で戦っている場面であり、右手の山を下って攻めるのが官兵。実はこの年二月にも疱瘡が流行していた。

A　大治四年に白河院が亡くなって、鳥羽院の治世下の長承《ちょうしょう》元年（一一三二）に平忠盛《ただもり》は得長寿院《とくちょうじゅいん》を造った功により昇殿して内の殿上人となった。これが武家政権形成の第一歩であり、この昇殿の際の事件を扱ったのが『平家物語』冒頭の「殿上の闇討ち」の章だ。

B　確か、この直後に大飢饉《ききん》があったというが。

A　長承三年（一一三四）に「天下飢饉」がおき、翌年には、それが悲惨を極め、疫疾・飢饉により、餓死者が「道路に充満」の事態になった。翌二年も「世間多く道路に小児を棄つ、大略天下飢餓」という状況から海賊や盗賊が頻発した（『百練抄』）。

B　これにともなって、朝廷は諸道に対策の意見の提出を命じると、藤原敦光《あつみつ》の勘文《かんもん》は、「天地の変異、人民の疾疫」について、官物・雑役の減免を求めるなど七箇条にわたる原因と対策を記し、そのうちの「陸地海路の盗賊」については「良吏」を選び、その任国への下向で追捕を求めた。

A　徳政が求められたわけだが、これに朝廷は具体的に法令を出した形跡はないね。

B　ただ京中に住む「浮食大賈《たいこ》の人」という日吉《ひえ》社の神人の借上《かしあげ》が、諸国の受領や住人、田堵《たと》、物売に貸した債務者のリストを

朝廷に提出しているので、借金を帳消しにする慣習が広がっており、徳政令を求める動きが生まれていた（『壬生《みぶ》家文書』）。

A　でも、それは飢饉に対応するものであり、疫病への対応ではないのだが、疫病は飢饉とともに流行し、飢饉と疫病とは重なっている。問題は海賊や盗賊の横行であって、長承三年に忠盛の郎等の平家貞《いえさだ》が海賊追捕の賞で左衛門尉《さえもんのじょう》になり、保延《ほうえん》元年（一一三五）西海の海賊追討に向けた追討使選任の審議では、備前守平忠盛と検非違使源為義《ためよし》が候補にあがったが、為義では国々「滅亡」の恐れがあるとされ、西海に勢力がある忠盛が任じられた。

B　つまり、疫病は飢饉と相俟《あいま》って、徳政の動きが生まれ、諸国の海陸の盗賊の動きが活発になり、それが平氏の武家としての躍進の後押しとなったわけだ。忠盛の子清《きよ》盛《もり》は海賊追討の賞として忠盛の譲りで破格の従四位下《じゅしいげ》となって、武家政権樹立の足掛かりとした。

A　飢饉や疫病の影響は、奈良にも及んでいたのではなかったの。

B　忘れていた。長承四年（一一三五）二月、奈良の春日若宮《わかみや》の正預の中臣祐房《すけふさ》に示験があり、新たに若宮の御殿が大宮から離れた場に設けられ、翌年に若宮祭が開かれている。この若宮祭を描くのが鎌倉末期制作の**『春日若宮祭礼絵巻』**（図⑭）。若宮とその渡御《とぎょ》した御旅所の仮殿の前で楽人が大太鼓を叩《たた》くなか、「王の舞」が舞われ、行列は三条大路《さんじょうおおじ》から大鳥居を経て御旅所に向かって渡る。最初が巫女《みこ》・日使・陪従《べいじゅう》の集団、細男・馬長の集団、競馬・流鏑馬《やぶさめ》の武士の集団、そして田楽の高足持に続いて「大鳥井」となる。

A　君は貴族の日記を中心に見てきているから、忘れついでに思い出して欲しい。『梁塵秘抄《りょうじんひしょう》口伝集』巻十四に「久寿三年三月のころ、京ちかきもの男女、紫野社へふうりゅうのあそびをして、歌たいこすりがねにて神あそびと名づけてむらがりあつまり」と見える、紫野今宮社への「やすらい」の風流も、疫病に関わるものだろう。

B　そうだった。『百練抄』に久寿《きゅうじゅ》元年（一一五四）四月に「京中児女」が風流・鼓笛で身を飾って紫野今宮社に「夜須礼」と号して参詣したとある。疫病があったという記事がないので、疫病に関わる遊びとは思わなかった。確かに見ると、数十人が拍子にあわせて乱舞の真似をしており、瘧鬼《ぎゃくき》と号して鬼の形にて首に赤きあかたれをつけ、貴徳の面をつけ十二月のおにやらひの出《い》で立ちでおめき叫び狂った、とある。

角川ソフィア文庫 9月新刊

見立て日本

現代社会を鋭く切りとった写真から連想して紡ぐ、伝統と現在を結ぶ新しい日本文化論。

松岡正剛 写真／太田真三

定価 2、200円 978-4-04-400712-6

禅と日本文化 新訳完全版

禅の真髄を言語化し、その精神を欧米に知らしめた日本論の金字塔。初の日本語完訳版。

鈴木大拙

定価 1、540円 978-4-04-400659-4

埴輪 古代の証言者たち

三五〇年にわたる歴史をフルカラーで！ 丁寧な解説で鑑賞方法と楽しみ方がよくわかる。

若狭 徹

定価 1、364円 978-4-04-400649-5

【単行本　最新刊】

疫病の社会史

人々はどのように疫病を記録してきたか？　絵巻、屏風、浮世絵などを
手掛かりに歴史をひもとく。

10月3日発売予定

五味文彦

定価3、080円　978-4-04-400719-5

【角川ソフィア文庫　好評既刊】

日本古典と感染症

感染症はどう広がり、人はいかにして、その困難から希望を見出していったのか。文学から迫る。

ロバート キャンベル 編著

定価1、012円　978-4-04-109942-1

感染症の世界史

感染症は人類に大きな影響をおよぼし続けてきた。40億年の地球環境史から格闘の歴史をたどる。

石 弘之

定価1、188円　978-4-04-400367-8

江戸のコレラ騒動

民衆の迷信と笑えない。新型コロナ騒動を彷彿とさせる、おかしくも逞しい庶民の姿を活写する。

高橋 敏

定価1、100円　978-4-04-400640-2

角川
俳句
定価 950 円

毎月
25日発売
※定価、発売日は変更になる場合があります
発行
角川文化振興財団

角川
短歌
定価 950 円

角川ソフィア文庫　鈴木大拙の本

無心ということ
定価836円
978-4-04-407601-6

新版 禅とは何か
定価836円
978-4-04-407602-3

日本的霊性 完全版
定価1、056円
978-4-04-407603-0

仏教の大意
定価660円
978-4-04-400224-4

東洋的な見方
定価748円
978-4-04-400288-6

華厳の研究
杉平顗智 訳
定価990円
978-4-04-400453-8

KADOKAWA
発行 株式会社KADOKAWA
〒102-8177 東京都千代田区富士見2-13-3
https://www.kadokawa.co.jp/

内容やカバーは変更する場合がございます。定価は全て税込み（10%）表示。
2022年9月現在の定価です。

[電子書籍も好評発売中！] ※電子版がないタイトルもございます。
「BOOK☆WALKER」（https://bookwalker.jp/）など電子書店で購入できます。

角川ソフィア文庫 好評既刊

縄文土器・土偶
井口直司

進化した土器、奇抜な土偶。国宝六点を含むフルカラー図版一〇〇点超掲載。入門書の決定版。

定価1、276円 978-4-04-400404-0

縄文人の死生観
山田康弘

現代人と縄文人、意外と似ている？ 回帰と再生の思想に迫る墓の考古学。

定価792円 978-4-04-400408-8

青年家康
松平元康の実像

角川選書 最新刊

柴 裕之

大河ドラマ「どうする家康」時代考証者の新機軸!
“戦国大名・徳川家康”誕生に迫る。

定価 1,870 円 978-4-04-703711-3

図⑭『春日若宮祭礼絵巻』（上図は探幽縮図、江戸時代。京都国立博物館蔵）

A 『梁塵秘抄口伝集』の記事の後には、「高尾に法会あり。そのわけにてやらんか法会に子細をあらんと申はべりき」と高尾《たかお》の法会でも「やすらいの」風流が行われたことが記され、一条天皇の時の御霊会や今宮祭創始の話も記されている。この遊びの直後に保元《ほうげん》の乱が起きていて、君は、これに影響を与えたのが久寿の飢饉であると指摘していたね。飢饉にともなって疫病が流行していたんだ。

B そうだね。そういわれると、『年中行事絵巻』の別本巻三には、高雄《たかお》寺の法華会の「やすらいはな」の風流が描かれている。

疫病のさなかの貿易

A 保元・平治《へいじ》の乱を経て武家政権を形成した平清盛は、仁安《にんあん》四年（一一六九）三月、後白河院を摂津の輪田浜に迎え、千僧供養を行なうと、九月二十日に福原《ふくはら》の別荘で院と宋人との対面を実現させており、貿易に本格的に関わった。

B 正式な国交がなかったのに動いたんだ。

A この対面を摂関家の九条兼実《くじょうかねざね》は批判しているが、その批判は清盛・後白河院の二人には届かなかったらしい。当時の博多の状況はどうだったのかな。

B 博多では、湊《みなと》付近の陸揚げした白磁を廃棄した「白磁だまり」からは、大量の広《カン》東《トン》・福建《ふっけん》省産の白磁の皿や碗が出土し、その底に「張綱」「丁綱」「李綱」の文字がある。「張」「丁」は荷主の姓、「綱」は海上輸送のため組織された集団で、綱首は船長のこと。

A 日宋貿易の港は博多の北の箱崎《はこざき》にもあったと聞くが。

B 箱崎では砂丘の尾根を越えた博多湾岸の斜面を利用して、町場が広がり、井戸が継続して掘削されて使われ、白磁や青磁、青白磁などが出土している。土坑墓や木棺墓などの埋葬遺構が五十墓も検出され、貿易港になっていた。宋側の貿易窓口は、明州（寧波）で、その天一閣《てんいっかく》で発見された碑文には、南宋の乾道三年（仁安二年）四月日の銘があり、「太宰府博多津居住」の宋商三名により建てたという。

A ならば、彼らは博多居住の貿易を担う博多綱首だろうね。日本に定住して婚姻関係を結び、寺社に奉仕するなど貿易を業としていたのだろう。多くの輸入品は彼らの手を経て博多経由で列島に入ってきたのであって、そのうちの貴重品や珍品が蓮華王《れんげおう》院《いん》の宝蔵に納められたわけだ。

B　承安《しょうあん》元年（一一七一）十月に流行した疫病は「羊病」と称されているが、これは『百練抄』に「羊の病と称し、貴賤上下、病患をわずらひ、羊三頭仙洞に在り」と見える。翌年九月、宋国から法皇・清盛に贈物があり、承安三年（一一七三）三月に宋国に返牒《へんちょう》がなされ、法皇や清盛が贈物をしている。

A　輸入品のなかで宝蔵には納められなかったのが価格の安い宋銭だが、この時期から銭が多く流入するようになっている。

B　嘉応《かおう》二年（一一七〇）四月の紀季正の家地相博状（『東寺百合文書』）に、初めて銭の取引文書が見え、以後、多数残されている。承安二年（一一七二）に京中の人が疫疾を逃れるために六角堂《ろっかく》・因幡堂で諷誦《ふうじゅ》したが、「二禁」という病が流行、同五年七月、疱瘡により世上が鎮まらず、安元《あんげん》元年（一一七五）に改元となって、院と平家とを結ぶ建春門院《けんしゅんもんいん》が翌二年七月八日に亡くなり、両者に亀裂が走る。

A　治承《じしょう》元年（一一七七）二月に疱瘡が流行し、都を襲ったのが「太郎焼亡」と称される京都の大火だ。

B　安元三年（一一七七）四月二十八日の亥《い》の時、樋口富小路《ひぐちとみのこうじ》辺に起きた火事は、折からの東南の風に煽られ、京中をなめつくした（図⑮）。その後、平家打倒の謀議である鹿ケ谷《ししがたに》の変を経て、治承三年（一一七九）に流行した疫病は、折からの銭の流行によって「銭の病」と称された（『百練抄』）。

A　面白い名の疫病だが、疫病が大陸由来かどうかは明らかでないにしても、この時期に大陸に渡る僧が増えていた。栄西《えいさい》は、比叡山で天台教学を学んで博多から宋に渡り、重源《ちょうげん》は渡宋の後、勧進活動を行っている。綱首の一人の陳和卿《ちんなけい》が宋から博多に来るなど、大陸との往来が盛んになった。

B　清盛は治承三年十月に後白河院を鳥羽殿に幽閉し、翌年に安徳《あんとく》天皇を立てると、

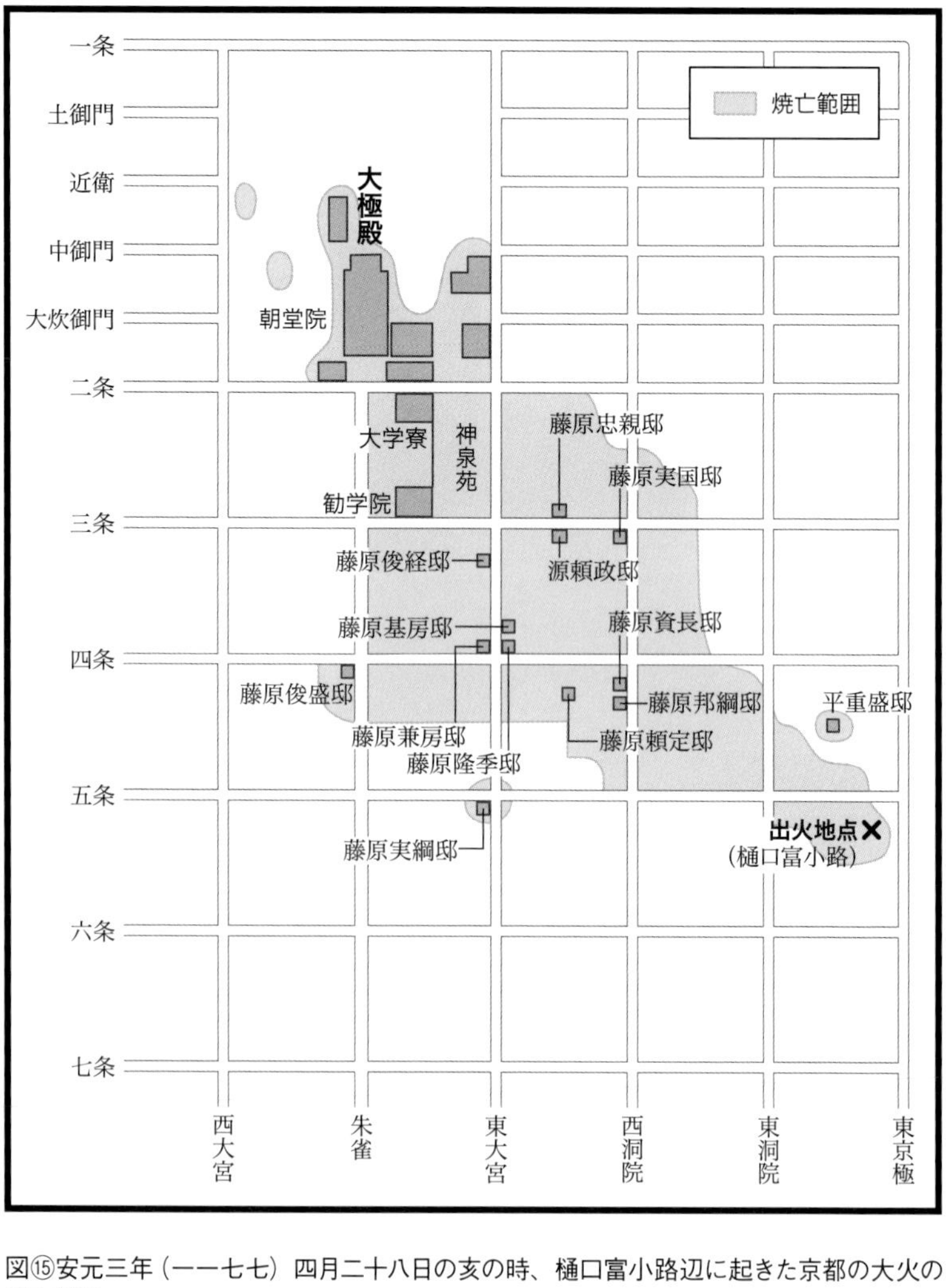

図⑮安元三年（一一七七）四月二十八日の亥の時、樋口富小路辺に起きた京都の大火の焼亡範囲。

院の皇子以仁王《もちひと》が源頼政《よりまさ》の勧めで平氏打倒の挙兵をし、源平の争乱となる。

養和の飢饉

B　源平合戦が始まり、南都が焼かれ、大仏再建のために重源が勧進上人に起用された頃、養和《ようわ》の飢饉が起きた。養和元年（一一八二）四月、京中の道路に餓死するものが満ち溢れた。『吉記《きっき》』には、「二条烏丸を過ぎらんとするの処、餓死の者、八人の首を並ぶと云々」「近日、死骸殆んど、道路に満つと云ふべきか」と記されている。

A　この飢饉は永長期の疫病のように前年七月頃から予兆があったというが。

B　それは都を福原に遷した頃のこと。高《たか》倉《くら》院が病気になり、東国では源頼朝《よりとも》が挙兵、鎌倉に根拠地を置いて源氏追討軍を富士川で破った。そのことから清盛は都を戻し、南都を焼き討ちにした。

A　翌年、清盛が亡くなり後白河院政が復活、その六月十五日、南都焼討で焼けた興福寺の造営が藤原氏一門の力で再建されることになり、東大寺は、二十六日に藤原行《ゆき》隆《たか》が造東大寺長官と修理大仏長官に任命され、勧進より造営することになった。法皇の身に代わって重源が再興を実行するとされ、重源は博多の陳和卿に大仏の鋳造を依頼した。

B　この時の飢饉の惨状を見た鴨長明《かものちょうめい》は「世の中して、あさましき事侍りき」と始め、「国々の民、或は地を捨てて境を出で、或は家を忘れて山に住む。様々の御祈りははじまりて、なべてならぬ法ども行はるれど、さらにその印しなし」と語る。

A　さらに七月には、代初と災異が重なって養和に改元されるが、それからの飢饉について、長明は「明くる年は、立ち直るべきかと思ふほどに、あまりさへうちそひて、さまざまに跡かたなし。世の人みな病み死にければ、日を経つつ、きはまりゆく様、少水の魚のたとへにかなへり」と、記している。

B　そう、飢饉に疫病が重なって広がっていったんだ。その次を読もう。「築地のつら、道のほとりに、飢え死ぬるもののたぐひ、数も知らず。取り捨つるわざも知らねば、くさき香、世界に満ち満ちて、変はりゆくかたち有様、目もあてられぬ事もおおかりき」。

しだいに深刻さを増していったことがよくわかるね。

図⑯『春日権現験記絵』の巻六の三段で、壁には厄除けの牛王宝印の護符が貼られている。国立国会図書館蔵

A　この惨状を、長明は被災者の身に沿って、次のように生々しく語っている。

「又あはれなること侍りき。さりがたき女、男など持ちたるものは、その思ひまさりて、心ざし深きはかならずさきだちて死しぬ。そのゆゑは、我が身をば次になして、男にもあれ、女にもあれ、いたはしく思ふかたに、たまたま乞ひ得たる物を、まづゆづるによりてなり。されば父子あるものはさだまれる事にて、親ぞさきだちて死にける」。

B　さりがたい中にある男女同士では、より志の深い者が、いとおしく思う相手に食料を譲ったので、早く亡くなってしまい、親子であれば、親がまず亡くなってしまう。

図⑰護符の部分 拡大図。国立国会図書館蔵

こうした疫病で病む子と看病する母を描くのが『**春日権現験記絵**』の巻六の三段で、壁には厄除《やくよ》けの護符が貼られている（**図⑯⑰**）。

A　牛王宝印《ごおうほういん》というと、起請文《きしょうもん》の用紙に用いられているが、こんな使われ方もあったんだ。

B　母が亡くなっているのも知らずに「いとけなき子のその乳房に吸ひつきつゝ、ふせるなどもありけり」と、赤児が母の乳房に吸い付いている痛ましい情景も描いている。

疫病・飢饉の後

A　長明は、疫病をともなった飢饉の様子を詳しく語ったが、最後に仁和《にんな》寺の隆《りゅう》暁《ぎょう》法印が悲しんで、死者の首の見える箇所に梵字の「阿」という字を書き、仏縁を結ばせるために人数を知ろうとした様子も記している。

「京のうち一条よりは南、九条よりは北、京極よりは西、朱雀よりは東の路のほとりなる頭、すべて四万二千三百余りなんありける。いはんやその前後に死ぬるも

の多く、また河原・白河・西の京、もろもろの辺地などを加へて言はば、際限もあるべからず、いかにいはんや、七道諸国をぞ」。

B　凄《すさ》まじい数の死者だったが、それにしても死者の数を調べるとは、古代国家ならば、行政が行っていたことを、中世になると宗教者の手で行われている。

A　ではこの飢饉が何をもたらしたのか。その頃、源頼朝から密《ひそ》かに、平氏・源氏が並んで法皇に仕える、という提案があった。謀反の意思は全くなく、今後は関東を頼朝の支配下に置き、西国を平氏の支配とする案を伝えてきたというものだ。

B　諸国七道に及んでいた、というから、東国に飢饉の影響がなかったのではなく、影響はあったはずであるが、おそらく少なかったんだろう。疫病が大陸由来とすれば、西国のダメージがより大きかった、と考えられるが、前後の動きや長明の記述から見てそうは考えられない。したがって影響は、食料を田舎に頼む京に著しかったのだろう。

A　頼朝の提案に対し、平氏が受け入れるはずもなく拒否したが、院は頼朝と接触しはじめていた。

B　飢饉が終息した寿永《じゅえい》二年（一一八三）春、院は勅撰和歌集の撰集を藤原俊成《しゅんぜい》に命じているが、これも飢饉の影響といえよう。院は二年前、俊成に常に参るよう語っており、その頃から広く文化・芸能を興すことを考え、勅撰和歌集の撰集を改めて命じた。かつて疫病の広がった後に京の文化の花が開いたように、これも飢饉・疫病による影響の一つと考えられる。

A　平氏は、京の米倉である北陸《ほくりく》道が義《よし》仲《なか》の手に落ちそうな情勢から、四月十七日に平維盛《これもり》を総大将とする十万騎の大軍を北陸道に派遣したが、加賀《かが》と越中の境の倶利伽羅《くりから》峠で義仲軍に大敗を喫し、六月六日に帰京した官軍は、出陣時の半数になっていたという。

B　これが飢饉の最大の影響だろう。平氏支配下の西国が、いかにダメージが大きかったかがわかる。続いて義仲入京の情勢から、平氏は法皇を頼るが、法皇は鎮西に連れ出されることを察知し、比叡山に逃れたので、平氏は都落ちせざるをえなくなった。その都落ちの模様を描くのが**『春日権現験記絵』**巻四の三段で、平宗盛《むねもり》が安徳天皇を擁し都落ちしてゆく。**図⑱**は先頭をゆく宗盛一行だ。

A　平氏の都落ちにより、十月に頼朝の東国支配権が認められ、頼朝は二年後の文治《ぶんじ》元年（一一八五）に鎌倉幕府を樹立した。

図⑱『春日権現験記絵』巻四の三段。平宗盛が安徳天皇を擁し都落ちしてゆく。国立国会図書館蔵

三 武家政権と疫病

嘉禄の疫病

B 鎌倉時代に疫病がいつから流行したのか、鎌倉幕府の政治史を専門とする君のことだから、よく知っているはずだが。

A この時代の専門とはいえ、疫病について特に調べたことはないのだが、『吾妻鏡』を見てゆくと、源氏三代の時期には顕著な疫病はなく、承久《じょうきゅう》の乱で上洛した北条泰時《ほうじょうやすとき》が鎌倉に下って執権になった、元仁《げんにん》元年(一二二四)十二月二十六日に「疫癘の流布」で四角四境鬼気祭《しかくしきょうききのまつり》が行われている。

B 四角四境鬼気祭とは、疫神の侵入を防ぐ陰陽道の祭であって、四角とは宮城の四隅、四境とは山城国境の竜華、逢坂《おうさか》、大枝、山崎《やまざき》だが、鎌倉では、京から下ってきた摂《せっ》家《け》将軍の身体をまもるための病気平癒を祈る祭として行われた。

A 四角は御所の四隅、四境は、鎌倉の東の六浦《むつら》、南の小坪《こつぼ》、西の稲村崎《いなむらがさき》、北の山内《やまのうち》で、この内側が鎌倉中という都市域だ。翌元仁二年、疫疾を理由に嘉禄《かろく》元年に改元された年の二月二十一日、霖雨《りんう》が続くので、泰時が、陰陽師らに対策を問うと、天災であり東西の神社に祟りがあるので祈禱をすべきである、と答えた。以後、正月から連日の降雨を記しているが、京都ではどうか。

B この時期は史料が少ないが、藤原定家《ていか》の『明月記』には、嘉禄元年二月七日に定家は陰陽師の安倍泰俊を招いて鬼気祭を行わせており、春に「世間疫癘、道路に満つ」と記し、京都でも疫病が広がっていた。その年の四月十九日、日吉祭に関東の寛喜僧都《そうず》が調進した馬長が、金銀錦繍に金笠を着けていたので、「疫癘飢饉」のなか、京畿で金銀を着けるとは「乱世の恒規か」と非難している。

A 鎌倉では、北条政子《まさこ》が五月一日に定豪《じょうごう》・良信《りょうしん》らの僧や、三浦義村《みうらよしむら》・二階堂《にかいどう》行西らの評定衆《ひょうじょうしゅう》、陰陽権助《ごんのすけ》国通らに対し、「世上病死の者、数千及ぶ」ことから、その災をはらうために、般若心経や尊勝陀羅尼《そんしょうだらに》を書写して供養したが、ほかにどうすればよいか、と尋ねた。これに、定豪僧正が、千人の僧に仁王経の講読を命じるのがよい、と答えて、良信は、般若心経の書写が良い、と答え、嵯峨天皇の時の疫癘で夭亡《ようぼう》の族が甚だ多かったので、宸筆《しんぴつ》で般若心経を書写して弘法大師《こうぼうだいし》に供養させたことがある、という先例をあげている。

B 幕府でも朝廷の先例に基づいて事を運んでいたんだ。その後、疫病関係の記事はなく、間もなく終息したのだろう。疫病の流行のみでは、朝廷も幕府も、祈りしか行わなかったのだが、民間では深刻であって、様々な対策を講じていたのではなかったかな。

A　文献ではわからないが、絵巻を見ると**『春日権現験記絵』**の巻八の二段に、武士の討ち入りの場面があって、目指す屋敷のくぐり戸の近くに、疫病除《よ》けのすすきの穂のようなものが刺さっている。これが疫病の侵入を防ぐ守りとされていたらしい（**図⑲**）。

図⑲『春日権現験記絵』の巻八の二段の武士の討ち入りの場面。国立国会図書館蔵

B　疫病対策といっても、祈るか、疫病の侵入を防ぐしか、手立てがなかったわけだ。

A　定家の記した、疫病に関係があると思われる面白い話がある。嘉禄三年に改元され、安貞《あんてい》元年（一二二七）七月十一日、伊勢から京に上って来た法師が、天狗に誑《たぶら》かされ、洛中《らくちゅう》の諸寺を引っ張りまわされた末、清水《きよみず》寺の鐘楼に縛られていたのを、参詣人に助けられたという。改元後の話なので、疫病に関係があるのかわからないが。

B　改元の理由は「赤班瘡」であって、麻疹《はしか》の流行が続いていたので、疫病と関係していたと思われる。

寛喜の大飢饉

B　五年後の寛喜《かんぎ》二年（一二三〇）九月、寒気のため北陸道の損亡が伝わると、これを聞いた藤原定家は、近年、こうしたことはなかったのにと驚き、家司《けいし》の藤原忠弘《ただひろ》から、四国も損じたが、近国ではまだ特に損じていない、と伝えられるなか、十日に鎮西「滅亡」の飛脚が到来した。

A　諸国から損亡の情報が一気に入ってきたわけだ。京の食料蔵である北陸道がまず壊滅し、頼みの綱の鎮西からも「滅亡」の知らせが入ったのだが、その兆候はなかったの？

B　七月に霜、八月に暴風雨とあるが、ほかにはない。飢饉《ききん》の情報を得た定家は、十月に一条京極邸《いちじょうきょうごくてい》の北庭の前栽を掘り捨て麦畠にして凶作に備えた。養和の飢饉のときの経験に基づいてのことだろう。

A　幕府は、京都の使者から七月十六日に「今月、天下大飢饉。又二月以来、洛中城外疾疫流布。貴賤多く以て亡卒」という報告を受けた。養和の飢饉と同じく疫病が追い打ちをかけていたことも知った。

B　朝廷では、この飢饉に摂関家の九条道《くじょうみち》家《いえ》が徳政へと動いた。寛喜三年（一二三一）五月三日、飢饉対策の評定を開いて、「去年異損、今年飢饉、死骸充満」への対策として、改元・賑給・衣服過差・祈りの審議を行うように命じた。『百練抄』は六月十七日条で、「去る春より天下飢饉、この事、死骸道に満つ、治承以後、未だかくの如きの飢饉非ず」と記し、『明月記』七月一日条は、死骸が道に満ち、東北《とうほく》院の境内にその数しらず、三日条に、死臭が家の中にまで入ってくるようになり、死人を抱いて通る人も数えきれないほどであった、と

記している。

A 定家の命をつなぐべき所領はどうなっていた。

B 十四日に定家の伊勢の所領の小阿射賀《こあざかの》御厨《みくりや》からは、飢えのためか音沙汰はなかった。十五日には京中の道路で死骸さらに止まず、北の西小路で連日加増、東北院内は数知らずといったところに、小阿射賀の庄民が、六月二十日頃から六十二人も死去したという知らせが入った。

A 定家と関係の深い奈良に飢饉の影響はあったの。

B もちろんあった。その様子を伝えるのが**『春日権現験記絵』**巻十五の五段の「天

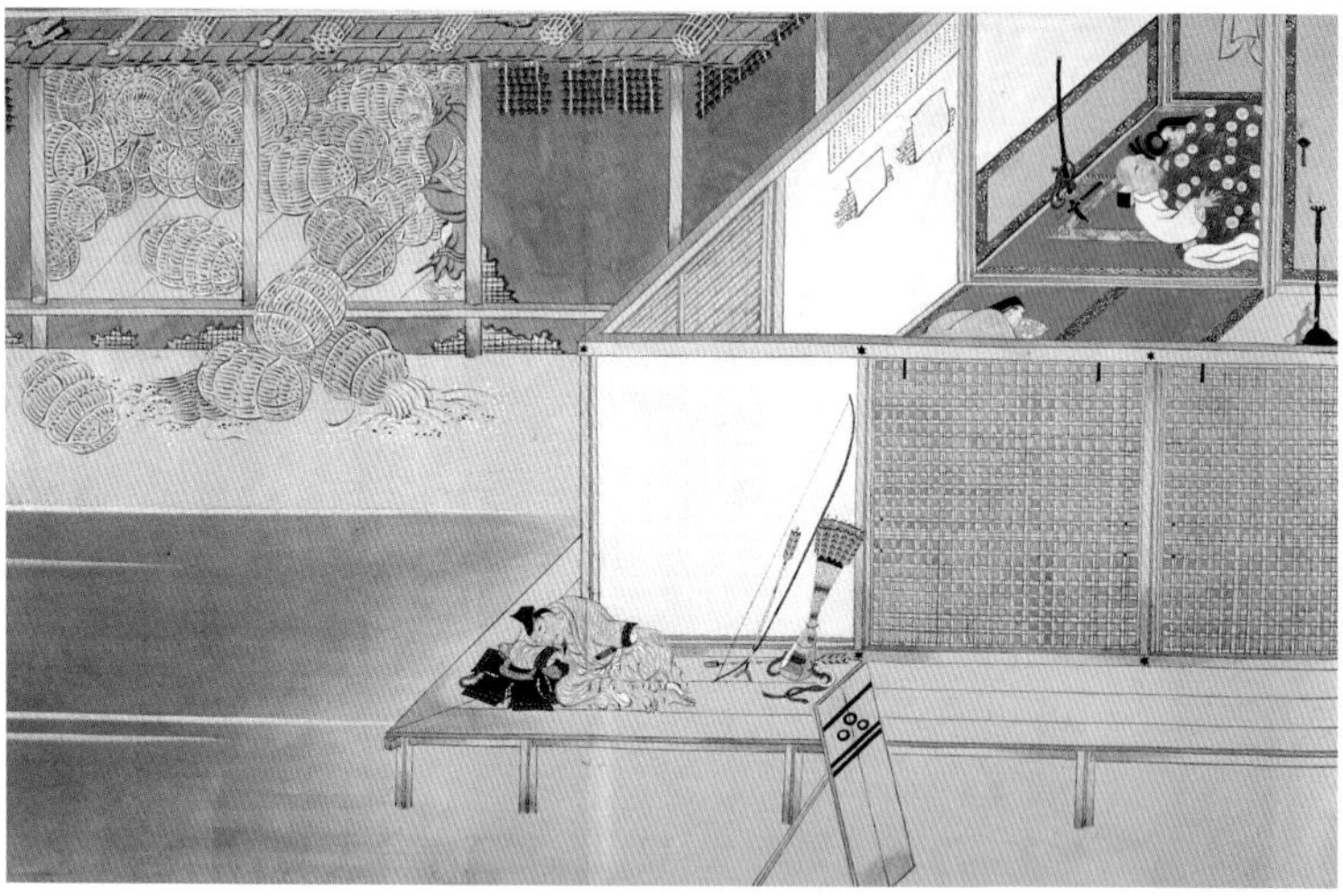

図⑳『春日権現験記絵』巻十五の五段の絵。寺主の寝ている場面。国立国会図書館蔵

図㉑『春日権現験記絵』寺主が、学生の住む僧房に食料を届けた場面。

図㉒河本家本『餓鬼草紙』の巻四の五段の疾行餓鬼。東京国立博物館蔵 ColBase（https://colbase.nich.go.jp/）

下飢饉して貴賤おほく餓死しける」時の話。その頃、興福寺別当の実尊《じっそん》僧正の下で寺の修理事務を担当していた紀伊寺主《じしゅ》は、米を寺家用に天井裏に隠し置いて、学生からの食料の提供の頼みを拒否していたため、春日の神の怒りにあって、神の化身である僧の手により米蔵の米が放り出される夢を見たという。

A それがこの絵だね（**図⑳**）。寺主の寝ている隣の部屋の壁に、二つの文書の束が壁に貼り付けられていて、その上段の紙は、牛王宝印が描かれているのかな。

B その紙は牛王宝印ではなく、規則やきまりを記した壁書《かべがき》で、下の二つの紙束は届いた文書を保管するもの。鼠の害を免れるために壁に貼られていた。

A 次の**図㉑**は、神の怒りを知った寺主が、学生の住む僧房に食料を届けている。

B 朝廷では徳政の審議を行った結果、十一月三日、四十一か条の寛喜の新制を出した。長承の飢饉の際には、徳政を求める諸道の勘申が提出され、養和の飢饉では、道家の祖父兼実が徳政を訴えても、実施されなかったこともあって、今回は道家が動くなど朝廷が積極的に対応した。

この後、天福《てんぷく》元年（一二三三）二月に京で咳嗽《がいそう》が流行すると、「夷狄《いてき》」の到来が噂されて「夷病」と称され、嘉禎《かてい》元年（一二三五）には疱瘡《ほうそう》で二十二社に奉幣している。

飢饉と撫民の法

A 東国では、寛喜二年（一二三〇）六月に美濃国の飛脚が、夏なのに蒔田庄《まきだのしょう》で白雪が降ったと伝えられてから以後、天候異変が続いていた。七月十六日に霜が降り冬の天気のようになって、八月八日に「草木の葉が枯れ、偏へに冬の如く、稼穀皆損亡」という状態から八月十五日の鶴岡放生会《つるおかほうじょうえ》が延引、九月二十七日には「天変連々出現」し、五壇法《ごだんほう》の祈禱が行われた。

B まさに天下一同の飢饉だ。この頃の飢饉・疫病に取材して描かれた図が、河本《こうもと》家本『**餓鬼草紙**』の巻四の五段の疾行餓鬼（**図㉒**）である。『正法念処経餓鬼品』に説かれる三十六種の餓鬼の一つで、死骸が散乱する墓場で遊ぶ餓鬼を描いている。筵《むしろ》の上で横たわる男女の死骸、野犬に食われる棺《ひつぎ》のなかの死骸、散乱する骸骨、その骸骨を求めて歩き、食べる餓鬼がいる。

A 周辺には、石を積みあげて阿弥陀《あみだ》三尊を描く卒塔婆《そとば》が立つ墓、土盛の上に卒塔婆が三つ立つ墓の、盛土の上に樹木や草が生える二つの墓、柵に囲まれ石積みの上に五輪塔が立つ墓などが描かれ、続いて不浄池には糞《くそ》を食べる餓鬼がいる。

B　泰時が特に動いていないのは、子の時《とき》氏《うじ》がこの間に京都で亡くなったからだろう。

A　それにしても泰時の動きは鈍い。十月の甚雨、陸奥国の芝田《しばた》郡からは石が降ったという報告があって、ようやく十一月十一日に「変異の御祈」を行い、十三日に将軍家の「御心願」に基づいて霊所の祓《はらえ》を行っている。

B　霊所とは、鎌倉で四角四境祭を行った所なのかな。

A　いや、重なっている所もあるが、由比《ゆい》が浜《はま》や金洗沢《かねあらいざわ》、多古恵河《たこえがわ》、森戸《もりと》、六浦、片瀬河で、それよりも広い。京都の賀茂川の七《なな》瀬《せの》祓と同じく皆、水辺で行われており、人形を流したのであろう。

B　人的被害が殆《ほとん》ど記されていないことから、そのため動きが鈍いの？　疫病は流行しなかったのかな。

A　いや、翌年五月十七日に炎旱《えんかん》・疾疫で、鶴岡《つるがおか》八幡宮《はちまんぐう》の供僧に天下泰平、国土豊稔《ほうねん》を祈らせ、大般若経を読ませている。七月十六日、京都の使者が、「今月天下大飢饉。又二月以来洛中・城外疾疫流布。貴賤多く

コラム1

疫鬼退治の図

「地獄草紙益田家乙本」と呼ばれていた『**辟邪絵**《へきじゃえ》』は、悪鬼を退治する善神を描いたもので、その一つの「**天刑**《てんけい》**星**《せい》」(**図㉓**)は「牛頭天王およびその部類、ならびにもろもろの疫鬼をとりて、すにさしてこれを食す」という詞《ことば》書《がき》がある。その天刑星は中国の『晋書天文志』に見える妖星で、疫鬼を両手でつかみ、あるいは両足で踏んづけている。祇園社の神である牛頭天王と、同体と見られるようになった。

「**鍾馗**《しょうき》」(**図㉔**)は「もろもろの疫鬼をとらへて、その目をくじり、体をやぶりてこれをすつ。かるがゆへに、人、新歳にいゑを鎮ずるのは、これが型をかきてその戸に通す」とあって、絵はその鍾馗が、疫鬼の目玉をくりぬき体を裂こうとしている様を描く。

中国の玄宗《げんそう》皇帝が見た夢に鍾馗が現れ、魔を祓い、病気を治したという故事に基づくもので、人々はこの絵を門戸に貼って魔除けにした。以上二つの絵巻は寛喜の大飢饉を経た頃に描かれたものと見られる。

図㉓「地獄草紙益田家乙本」の『辟邪絵』の「天刑星」。奈良国立博物館蔵 ColBase (https://colbase.nich.go.jp/)

図㉔同右「鍾馗」。奈良国立博物館蔵 ColBase (https://colbase.nich.go.jp/)

以て亡卒」という報告をしている。

B　道家が子の将軍頼経《よりつね》に「祇園」の神が語ったという「夢記」を送ってきたことから、幕府は、五月四日に御所で四角四堺《しかくしかい》鬼気祭を行ったが、その夢記には、人別に銭五文か三文を出し、般若心経を読んで巽方に向かい、鬼気祭を修すれば、世上の疾疫や餓死は除かれる、とあったとあり、また「急急如律令」の封を掛けて信じるならば「人民安穏、天下泰平」となる、とあったという。

A　「急急如律令」とは「律令のように早く行ないなさい、行ないます」という呪文で、これが護符として使われるようになったんだ。貞永《じょうえい》元年（一二三二）年、泰時は徳政の一環として、武家の法典『御成敗式目』（貞永式目）の制定に動く。「天下大飢饉」に対応してのもので、式目を「武家の人への計らひのためばかりに候」と記してはいるが、実際は「京都の御沙汰、律令のおきて」を超えていた。

B　その式目の五十一箇条は、十七条憲法の三倍の条数で、聖徳太子の精神に基づいての制定だね。

A　泰時は、実朝《さねとも》に仕え、実朝が聖徳太子の慈悲の考えなどから撫民《ぶみん》の政策を実施していたことを近くで見ていた。それもあって式目にも撫民の精神が貫かれていた。貞永二年には朝廷支配下の西国の「窮民を救う」法を発令し、奉行人を派遣している。

B　寛喜の大飢饉が、撫民の徳政令を幕府に出させたということだ。

A　嘉禎二年（一二三六）二月、将軍頼経が疱瘡の後遺症により股《また》や膝《ひざ》に腫物が出て、「押領使病」といわれ、仁治《にんじ》元年（一二四〇）に痢病のため御所で「痢病祭」が行われた。寛元《かんげん》元年（一二四三）に赤痢、同二年四月の大疫は十歳以上の者が罹って「鬱陀鬼《うつだぎ》」と号されたという。

正嘉の飢饉と疫病

A　北条泰時の孫の時頼《ときより》は幕府の裁判制度を調え、摂家将軍を都に帰し、京から親王将軍を招いて、護国の寺として建長寺《けんちょう》を建立、武家の体制を整備していったが、そのなかで起きたのが正嘉《しょうか》の飢饉。正嘉二年（一二五八）に宗尊《むねたか》将軍の上洛を京に通告していたが、八月に暴風が荒れ狂い、「諸国の田園、悉く以て損亡」で、上洛は延期になった。

B　京では将軍の父後嵯峨院の治世であって、飢饉は正嘉年間に始まり、正嘉三年が改元された正元《しょうげん》元年（一二五九）三月、朝廷は諸国に仁王経を転読して「飢疫」をはらうよう命じ、四月には禁裏《きんり》・仙洞《せんとう》で疫疾の祈りの修法をさせ、神社に奉幣し、疫神を祀《まつ》る今宮祭を興行した（『百練抄』）。

A　幕府は正嘉三年二月に「諸国飢饉の間」に遠近の困窮者が山野に入って芋類を採り、河海に入って魚や海藻を採るなどして生き延びようとするのを、在所の地頭が禁じていることから、地頭の制止をやめさせ、「浪人の身命」を助けるように、という御教書を諸国に出した。

B　京の飢饉の惨状を詳しく記しているのが『五代帝王物語』で、次のように語っている。

「正嘉三年の春比より、世のなかに疫癘おびただしくはやりて、下臈どもは病まぬ家なし。川原などは路もなきほどに死骸満ちて、浅ましき事にて侍りき、崇神天皇の御代、昔の例にも劣らずやありけん」。

A　崇神《すじん》天皇といえば、仏教伝来以前の疫病だね。

B　『日本書紀』によれば、崇神天皇五年に「国内に多く疫疾」、民の死亡大半ということで、天皇が神に謝し、翌年に我が徳を以《もっ》て修めるのは困難として御殿に祀っていた天照大神《あまてらすおおみかみ》を外に出し、三輪《みわ》山の神の子孫に祀らせ、八百万《やおよろず》の神を祀ったところ、疫病が終息したという。

A　この時期、貴族の間では古代の研究が盛んだったんだ。

B　続けて次のように記している。

「諸国七道の民もおほく死亡せしけむ、三月二十六日改元ありて正元と改まる。正月上旬の比、死人を喰ふ小尼出来て、よろづの所にてくふと云ふ程に、十四五ばかりなる小尼、内野《うちの》より朱雀の大路を南ざまへ行とて、まさに死人の上に乗りゐて、むしり喰う。目もあてられずぞ、有ける。童部しりさきに立て、打ちさいなめば、鳥羽の方へまかりける後は、いかがなりぬらん」。

A　悲しいことだが、日蓮《にちれん》もこのことを知っていて書いている。「洛中にして人の骨肉を朝夕の食物とする由」が露顕し、山門の衆徒が「世末代に及て、悪鬼国中に出現せり」と退治を加えようと、その「住所を焼失し、その身を誅罰せむ」としたところが、「自然に逃失し、行方を知らず」になったという。さらに「たまたま鎌倉中にまた人肉を食ふの間、情ある人、恐怖せしめ候」と、鎌倉でも人肉を食べた人がいたという。

B　『五代帝王物語』は、「この後は、少しはしづまりたりとは申しかども、七月までは猶名残りもありしやらん。さて七月末までは猶名残りもありしやらん」と語り、飢饉は七月には終わったようである。この飢饉の様は、戦国《せんごく》期制作の『**日蓮聖人註画讃**』の巻一の五段に描かれている（**図㉕**）。

日蓮の教えと疫病

A　日蓮は建長《けんちょう》五年（一二五三）に房総《ぼうそう》半島の清澄《せいちょう》寺で「開宗」、小湊《こみなと》から鎌倉に入り、文応《ぶんおう》元年（一二六〇）に『立正安国論』を著して、時頼に進めて、近年の天変地異や飢饉、疫病の根源は、人々が仏教の正しい教えに背いているからであり、対策をすみやかに立てねば、他国から侵略され、国内には反逆がおきるであろう、と警鐘を鳴らし、『法華経』への帰依《きえ》を訴えた。

B　日蓮は真っ向から幕府に政治の在り方を突きつけたのであって、時代は新たな方向へと向かったのだが、その「念仏無間」などの他宗攻撃が、幕府や諸宗の反発を招いた。鎌倉の名越《なごえ》で法華宗の布教を行なっていた時、浄土《じょうど》宗の信者に襲われる「松葉ケ谷の法難」が起きている。

図㉕『日蓮聖人註画讃』の巻一の五段。本圀寺蔵

A　東国ではこのように浄土宗の信仰と日蓮宗とが競り合っており、さらに浄土宗のうちでも融通念仏《ゆうずうねんぶつ》宗も東国の疫病とともに広がっていた。

B　東国のこの時の疫病にともなう話を描くのが『**融通念仏縁起**』下巻の十一段であって、「正嘉のころ、疫癘おこりて、多

図㉖『融通念仏縁起』下巻の十一段、正嘉のころ、人々が集まって念仏している様子を描く。根津美術館蔵

図㉗同じく疫神の群れの図。

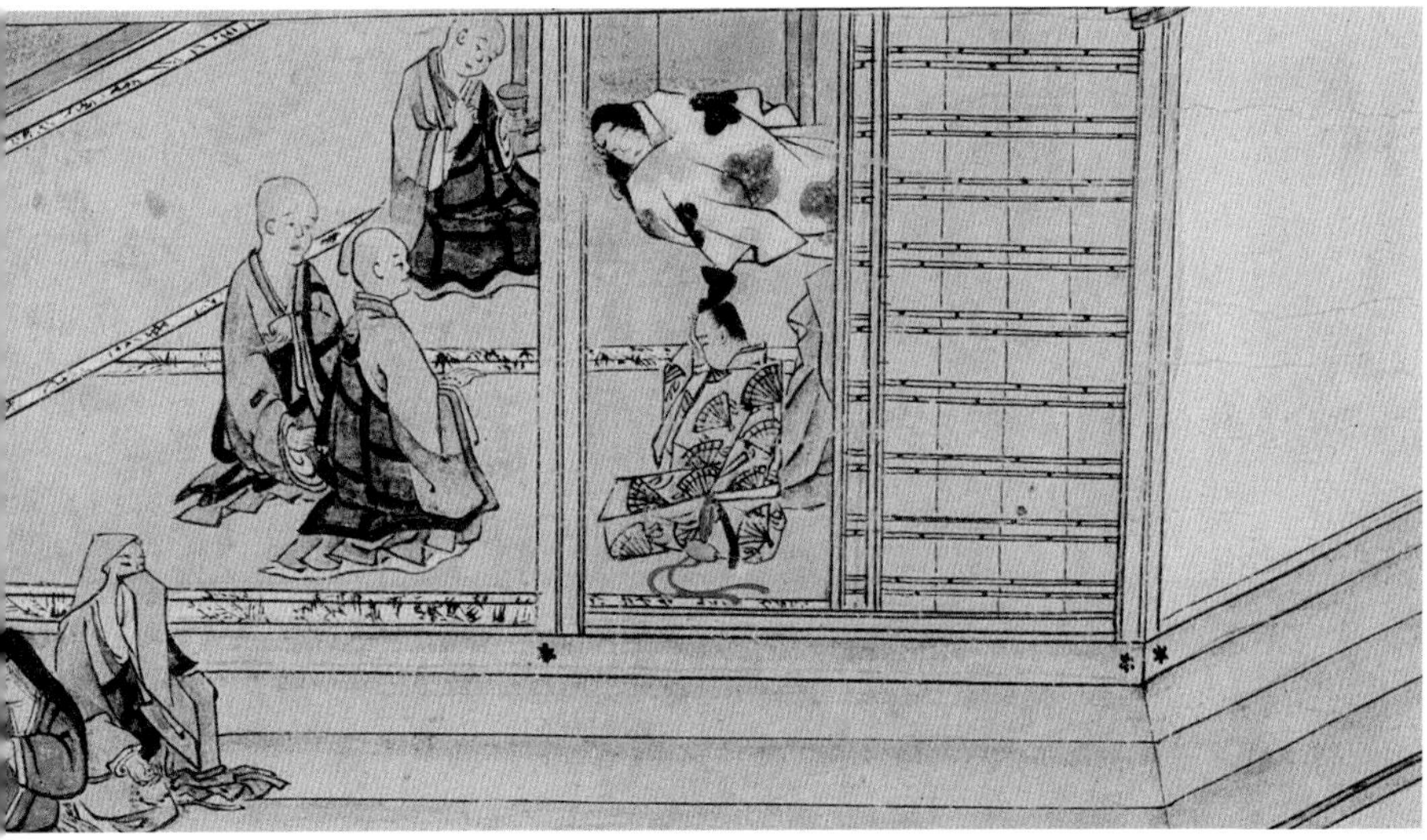

図㉘同じく娘を悼む図。

く病死けり」と始まる話。「武蔵の与野の郷に一人の名主がありけり、年来、念仏信心の人にて、世間疫癘をのがれんがために家内の老少をすすめて、明日より別時念仏を始むべきにて番帳を書て、道場に並けり」の詞書に応じ、絵は別時《べつじ》念仏に人々が集まり念仏している様子を描く（図㉖）。

A　別時念仏とは特別に時間を定めて念仏することで、互いの念仏が融通する融通念仏では、番帳に名が載ると救われると考えられていた。

B　多くの僧俗が集まって阿弥陀様を前にして念仏をしている。板敷の上に座る僧は手を頬にあてて、涙しているのだろう。女性が多く、阿弥陀像の横に座る女性二人は何やら話をしている。奥にいる僧は楽器を弾いているかのように見え、縁にも座って念仏する人もいる。

名主は、袖《そで》を口元にあてている女性の後ろの折烏帽子《おりえぼし》をしている男だろう。庭には笠《かさ》を被《かぶ》り皮衣らしき僧がいるが、これはたまたま立ち寄ったものらしい。次の場面をみよう。

「夜の夢に異形のもの共、その数群がりて行けるが、この家の門の内へいらんとしけるを、主、出向いていはく、これは家内の男女、意《こころ》を一つにして別時念仏をはじむべきにて、結番して、既に彼の番帳を仏前にをけり。乱入することなしかれ」。

と、名主が異形の者に番帳を見せると、疫神は喜んで、結衆の下に判形を加えている（**図㉗**）。

A　これがその絵か。おう、すごい数の疫神だね。一、二、三、数えるのを止めた。頭に角をはやし、金色の髪を逆立てたものや、筋骨隆々で肌の色が赤や青、八つ目のもの、鶏頭やのっぺらぼうのものもいる。先頭の疫神は名主の持つ番帳に判形を書いている。

B　その番帳に名が載ると、厄から逃れることができるのだが、当日、息女は他所に行っており、念仏に参加できなかったことから、名主が娘も入れたい、と願ったところ、疫神に拒まれたという。そこで夢から覚め、番帳を見ると、判は記されていたものの、帳はずれの娘は、この時の疫病で亡くなってしまう。**図㉘**は、亡くなって体を横たえる娘、鐘を鳴らし念仏する僧、涙ぐむ名主を描いている。

疫病をめぐる忍性と無住

A　時頼は正嘉の飢饉や疫病の頃、その撫民の政策から、奈良西大寺を拠点に民衆教化に意を注いでいた叡尊《えいそん》を鎌倉に招いた。

B　叡尊は、寛喜の大飢饉の惨状を見聞するなか、戒律を保つことができずに地獄に堕《お》ち、魔道に堕ちる僧の姿を近くで見たことから、戒律の重要性を認識し、真言律宗を立てていた（『叡尊感身学正記』）。

A　叡尊が鎌倉に招かれたのは、「慈悲に過ぎる」と語った弟子忍性《にんしょう》が東国に下って布教し、北条氏一門の帰依を受けていたからで、忍性は早くに常陸《ひたち》の筑波《つくば》山の麓《ふもと》の三《み》村《むら》寺を拠点に布教を行ない、鎌倉に入って、師の叡尊が鎌倉に下るよう動いた。

B　これを契機に真言律宗は東国に広がる。叡尊は奈良に帰るが、その奈良では東大寺に世親講《せしんこう》という「倶舎《くしゃ》宗」の祖師である世親の名を冠した、「仏法住持」と「讃仰稽古」を目的とする講集団があり、この世親講衆が文永《ぶんえい》三年十二月に起請文を書いて結束を誓っているが、その誓う神の一つに「当年行疫流行神」が見える。

A　起請文といえば、末尾に在地の神仏の名をあげるのが普通だが、興味深いね。忍性は北条重時《しげとき》の極楽《ごくらく》寺を律院となし、長老になって住んだ。「疫癘国に満ち、人民卒す、和尚悲しみ憐み、門前に毎日僧徒療養を加ふ」と、極楽寺門前に病人を集めて療養した（『忍性菩薩行状略頌』）。極楽寺で獄舎の囚人に施行し、盲人に杖《つえ》を与え、病人に薬を施し、捨て子を養い、乞食に銭を施した。

B　極楽寺住持の順忍《じゅんにん》の「忍性廻向文」によれば、浄財を投じ「療病院・悲田院」を建立したとあるが、極楽寺は由比ヶ浜を管轄していたので、疫病で亡くなった人々を浜の墓場に葬っていたのであろう。忍性と同じく筑波山の麓で出家して活動していた無住《むじゅう》も、疫病について何か語っていなかったかしら？

A　無住は梶原景時《かじわらかげとき》の子孫で、鎌倉の寿福《じゅふく》寺で修行するも、脚気《かっけ》を患って坐禅修行に耐えられず、各地を歩いて修行したが、その『沙石集』に、「夏の比、坂東の国々に、疫癘おびただしくて、人多く病み死にけり」と、疫病が東国に広がっていたと記し

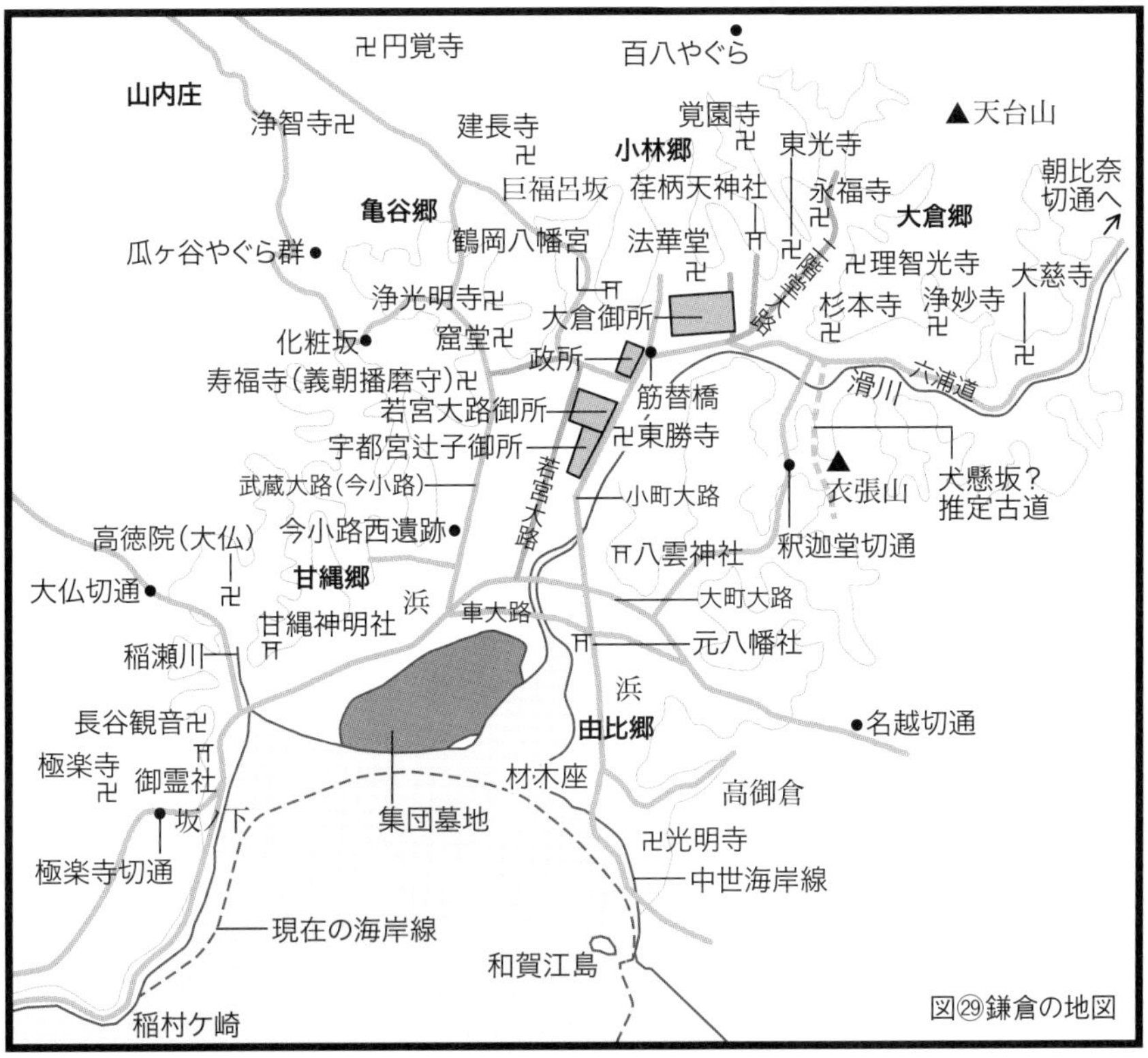

図㉙鎌倉の地図

ている。

B 無住は尾張《おわり》の長母寺《ちょうぼ》で説経していたね。

A そこでの話によると、親しくしている小童が病にかかって、うなされるなか、「小禿（おかっぱ頭）の童子がやって来て、あれこれ私を責め立てる」と言ったので、これを聞いた僧らが「千手陀羅尼」を唱えることわずか二十一回、すると、小童が「小禿の頭が打ち砕かれ、泣く泣く北の方へ退散した。寺から手の多くの仏がお出でになり、追い払いなさった」と言った。

B 千手陀羅尼《せんじゅだらに》を唱え、千手観音の助けを願う話だが、疫病にも効果があったの。

A 無住がこの話を東大寺戒壇院《かいだんいん》の僧にしたところ、「千手陀羅尼の力を疑ってはならぬ。ある在家の人が霊病を患っていたので、千手陀羅尼を称えて取り囲んだところ、刀のようなものを吐きだし、誰かに呪詛されていたに違いない」と語ったという。

B **鎌倉の地図**（**図㉙**）を掲げておいた。

A 八幡宮を中心に若宮大路が南北に走って浜に至る。その西側の北から寿福寺・長谷《はせ》観音・大仏、そして切通を経て忍性の極楽寺があり、建長寺は西北の切通を経た地にあって、東側には幕府の御所が存在し、その南側で活動したのが日蓮だった。

弘安の疫病

B 文永《ぶんえい》のモンゴル襲来後の建治《けんじ》三年（一二七七）十二月、朝廷は「流布の疾疫」をはらうため、仁王経・大般若経の転読を五畿七道に命じ、疫疾を理由に改元した弘安《こうあん》元年の五月十八日、「疾疫の祈り」で、興福寺の百僧に等身十一面観音像を造って祈らせ、二十六日には「世間病事」の祈りを二十二社に命じた。六月十八日に興福寺食堂で権律師乗恵が一日造立薬師像を開眼供養したところ、ほどなくして疫は止んだという（『続史愚鈔』）。

A 確かこの年の春、一遍《いっぺん》が備前福岡《ふくおか》の市から上洛していたが。

B そう。因幡堂に泊まったのだが、『**一遍聖絵**』（**図㉚**）を見ると、寺の左手の檜皮《ひわだ》葺《ぶき》門に続く築地塀に沿った道の、向かいの板葺屋根の家のまいら戸に護符が掛けられているのがわかる。これは疫病と関係すると見られるが、聖絵はこうした時に何を描いたのかをはっきり書かないので、描かれている内容はわからない。

A　牛王宝印だったら、室内にあったし、すすきのような穂でないとすると、鍾馗かと思うが、どうだろうか。赤い色が見えるが。

B　その可能性は高いが、ほかにも千手陀羅尼なども考えられ、京ということからすると、近くの祇園社関係の護符も考えられよう。

A　東国では、日蓮がこの疫病について二月十三日の書状で、「去年の春より今年の二月中旬まで疫病充満。十家に五家、百家に五十家、皆病みぬ」と記し、次のように語っている。

「身は病まねども、心は大苦に値へり。病む者よりも怖し。たまたま生残たれども、或は影の如くそゐし子もなく、眼の如く面をならへし夫妻もなく、天地の如く隠れし父母もおはせず、生きても何にかせん。心あらむ人々、いかでか世を厭うはざらむ」。

B　今のコロナ禍と同じような思いをしていたことがわかる。

A　日蓮はこれに続けて、法華経の経説に記されているので、それを守るように、と語る。さらに六月の書状では、鬼神には善鬼と悪鬼がいて、去年・今年の「大疫病」は、善鬼が『法華経』の怨《うら》みを食し、悪鬼が『法華経』の修行者を食したことから起きたものであり、国王が『法華経』を信じることにより、人々の疫病も治る、と説いている。

B　法華経信仰の日蓮らしい説経だね。

A　さらに日蓮は翌年二月の書状で「この両三年は日本国の内、大疫起きて、人半分減じて候ふ上、去年の七月より大なる飢渇にて、里市の辺のものと、山中の僧らは存命難し」と記している。

B　日蓮書状を見ると、繰り返し信者にあてて疫病について語っているね。弘安の蒙《もう》古襲来を退けた後の弘安六年（一二八三）正月三十日、去年夏からの疾疫流行で、朝廷は五畿七道の社寺に三日間の仁王般若経の転読を命じている。

一遍と疫病

A　一遍が京の因幡堂を出た後も、疫病は弘安六年まで続いていた。その間、一遍は東国を廻《まわ》り、武蔵《むさし》の石浜《いしはま》で「時衆四五人やみふし」、上洛途中の近江草津《くさつ》では、雷や嵐が激しかったところに、結縁のために伊勢大神宮や山王権現《さんのうごんげん》が現れて、「不信のものども小神たちに罰せられて、多く病脳のものありぬ」と語った。すると雷が止み、時衆が一度に十三人病んだという。

B　一遍は、その間に踊念仏を始めているが、君は、それに疫病との関わりがあると見ているのかな。

A　そうなんだ。疫病流行の最中、信州《しんしゅう》で踊念仏を始めた。称名念仏を始めたのは空也であるが、その跡を慕って踊念仏を行ったものと考えている。上洛した一遍は、空也の遺跡である七条の市跡の広場で踊念仏を行なっているだろう。

B　『一遍聖絵』（図㉚）のこの場面だね。七条大路から人々が眺めるなか、舞台中央で一遍が真っ直ぐ前を見、時衆が法悦した表情で足を高くして板を踏み鳴らす。観衆は下から見上げ、輿《こし》の中や周りの桟敷からも見ている。

だが、踊念仏は筑後草野《くさの》氏出身の一行が豊前宇佐宮で始めていたよね。

A　一遍は疫病とともにその踊念仏を採り入れて興行したものと考えている。京を去った後、播磨の教信《きょうしん》寺に滞在しているが、ここは教信が称名念仏を始めた寺であって、

図㉚『一遍聖絵』の市屋道場の踊念仏

一遍はこの寺で往生を遂げようとしていたという。

B　その教信は貞観八年（八六六）に、この播磨の寺庵で往生を遂げているが、称名念仏は、九世紀後半の大地変動の疫病流行時に始められていたことになるのだが。

A　ならば空也の称名念仏も、疫病とともに始まったのだろう。

B　天慶元年（九三八）に疫病の記事はないが、これ以前に疫病は広がっていた。

A　空也は、京に入る前に諸国を修行しており、そこで称名念仏を考えるようになって、京で弘《ひろ》めていったのだろう。

B　さて京では正応《しょうおう》元年（一二八八）四月に朝廷が疫病流行で東大寺・興福寺・延暦寺・園城《おんじょう》寺・法勝寺の五寺に祈禱させ、南都七大寺と延暦寺に大般若経を転読させ、翌年六月に二十二社に祈禱を命じ、六月二十七日に入道性仁《しょうにん》法親王に内裏で孔雀《くじゃく》経法を修させている。正応六年二月三日には安居院《あぐい》大宮の悲田院の鐘が築造されたが、その銘に「亡者離苦、存者得楽、衆病除癒、憂悩止息」とある。

A　日蓮が亡くなり、正応の次の永仁《えいにん》年間に有名な永仁の徳政令が出されているが、この徳政は飢饉・疫病と関係があるの？

B　これは困窮する御家人の救済を目的としたものだが、御家人困窮の一つに弘安の疫病の影響は考えられるところだ。その二年前の永仁四年九月十七日に東大寺の検校《けんぎょう》久長《ひさなが》が起請文の末尾に「当年行疫流行の神」をあげ、神仏への誓いとしている。

A　奈良では特に疫病が流行していたのか、久長が特に信じる疫病の神があったのか、いずれかだろう。

B　モンゴルの襲来後も疫病は広がっていた。兼好《けんこう》は『徒然草』に「唐物は、薬の他は、皆無くとも事欠くまじ」と記しているが、そのなくともよい唐物の一つが疫病だったわけだ。鎌倉後期の疫病は、日蓮や一遍・忍性の宗教活動を加速化させたものといえよう。

鎌倉末期の疫病

B　延慶《えんきょう》の年号が「病事」により応長《おうちょう》元年（一三一一）に改元された年の三月、京畿諸国で疫病が流行して「三日病」と称されたので、朝廷は四月二十五日に九社に奉幣使を派遣している。

A　『徒然草』に「応長の頃」と始まる話がある。伊勢の国から鬼になった女が上洛

図㉛梶原性全の医学書『万安方』の瘧鬼。

したという噂から、上京の人々がそれを見んものと北をさし走り、騒いだという。その話を語った後、「そのころ、をしなべて二三日、人の煩ふことの侍りしをぞ、かの鬼のそら事は、このしるしをしめすなりけり」と語る人がいたという。

B　この話からは、安貞の時（一二二七）に伊勢から上洛した人が天狗に誑《たぶら》かされた話が思い出される。安貞の話も疫病と関係していたことになろう。天狗も疫病と関係しており、疫病への不安から生まれた都市伝説とでもいえようか。

A　疫病によって奉幣使が派遣された九社とはどこなの。

B　石清水・賀茂下上社・松尾・平野・稲荷・春日・日吉・祇園・北野の九社だ。疫病はその後も続いて、正和《しょうわ》三年（一三一四）二月に疱瘡が流行し、四角四堺祭が行われ、翌年七月の「疫疾流行」では祈《き》年穀奉幣《ねんこくほうへい》の宣命に、疫病流行のことが特別に記され、正和五年七月十二日の「疫病流行」では、伊勢神宮の祭主に対し、内外宮に参籠《さんろう》して祈謝するよう命じ、十五日には、仁王経の転読を九社に、大般若経の転読を七大寺と延暦寺に命じている。

A　疫病とともに多くの神社に祈っているのは、蒙古襲来による異国退散を祈ったのに通じるね。

B　特に伊勢神宮に祈らせたのが注目される。後醍醐《ごだいご》天皇の代の正中《しょうちゅう》三年は、疫病で改元されて、その嘉暦《かりゃく》元年（一三二六）三月二十六日に「世間病事」によって四角四堺祭が行われ、宸筆《しんぴつ》仁王経が祇園社で供養されている。

A　この頃に著されたのが梶原性全《かじわらしょうぜん》の医学書『**万安方**《まんあんぽう》』だが、それには赤班瘡を痘瘡に混じてはならない、と記しているなど疫病流布の影響が考えられる。

B　性全は京都の朝廷に仕える医師とは違い、民間療法を記していて、図のような**瘧鬼**（**図㉛**）を描いている。思い出されるのは、藤原定家が心寂坊などの民間の僧医を頼りにしていたことだ。このころから、民間の医者の活動が顕著になってくる。嘉暦四年も「今年咳病流行、人民多く死す」という「疾疫」を理由に改元され元徳《げんとく》元年になる。

A　『太平記』には、元亨《げんこう》二年（一三二二）の夏からの「大旱地をからし」「空しく赤土のみあって青苗なし」「飢人地にたおる」という「天下の飢饉」を後醍醐天皇が聞いて、徳政として「飢人窮民の施行」のために、検非違使別当に命じて二条《にじょう》町の東西に五十余の仮屋を立て、そこで商人に米を販売させた、と見える。

B　その米を売った二条町の仮屋については、元徳二年（一三三〇）に米価の暴騰により、宣旨升一斗に銭百文で交易し、沽酒《こしゅ》法を定め、米一石を酒一石としたと見えているので、元亨二年は元徳二年の誤りだろう。前年八月に疫疾で改元され、翌年にも疫疾で元弘《げんこう》元年に改元されている。飢饉というより疫病によるのだろう。

A　これも『太平記』に見える話だが、幕府の北条高時《たかとき》が京で「田楽を弄ぶ事」が盛んなことを聞いて、「新座・本座の田楽」を呼んで、日夜朝暮、田楽に耽溺《たんでき》したという。疫病とともに始まった永長の大田楽が思い起こされるのだが。

B　疫病とともに田楽が流行したのかも知

図㉜『天狗草紙』の「伝三井寺巻」の五段。

図㉝『浦島明神縁起』の丹後の筒川大明神の田楽。宇良神社蔵

れない。

A　この時に高時の田楽の様子を見た女房が「異類異形の鳶、山伏のからだ」をしていた、という報告を安達時顕《あだちときあき》にしたので、時顕が見に行くと、「誠に天狗の集まりと覚しくて、踏み穢したる畳の上に、鳥獣の足跡」が多くあったという。天狗が疫病を引き起こしたと考えられていたことがわかる。

B　天狗の姿が鳶《とんび》の姿で、山伏《やまぶし》の体をしていたとあれば、『**天狗草紙**』の「伝三井寺巻」の五段に見える（**図㉜**）。荒れた堂、破れた築地塀、近くの枯蔦《つた》の多い大杉の下に座る天狗たちのなかに、山伏姿の天狗が立って踊り謡うと、向かいの山伏姿の天狗が「いふたり、いふたり」と、ほめそやしている。後の狂言に見えるような台詞《せりふ》だ。

A　「新座・本座の田楽」とあるのは神事奉仕のために編成されているのだろう。この時期の田楽を描く図はあるかな。

B　あるよ。南北朝期制作の絵巻『**浦島明神縁起**』に、丹後《たんご》の筒川《つつかわ》大明神の田楽で、編木を鳴らしながら踊る者、品玉の曲芸をする者が描かれている（**図㉝**）。詞書はないが、社伝によれば弘安二年（一二七九）の遷宮の時の絵と考えられている。

A　弘安二年といえば疫病が流行していた頃だろう。その時の図だよ。

B　それは知っていたが、本当に疫病とともに遷宮があったのかと疑っていて示さなかったんだ。

四 南北朝・室町期の疫病

動乱期の疫病

B　南北朝の動乱がはじまってから、しばらく疫病の流行はなかったが、康永《こうえい》元年（一三四二）に疫病の記事がある。康永四年は天変と疫疾によって、貞和《じょうわ》元年と改元されたその九月に「天下病の事」から祈禱が始められ、南殿《なんでん》で大般若経が転読されている。

A　戦乱とともに疫病が流行しなかったわけではないようだが、この祈禱は武家から内々に申し入れがあったというものであり、幕府が京都に置かれたことで、武家と朝廷の関係が密になったことがよくわかる。

B　貞和三年（一三四七）に天下疫病にどう対処すべきか、外記《げき》の中原《なかはら》氏に先例の注進が求められて、貞和六年に改元されて観応《かんのう》になったその二年（一三五一）六月、「天下病事」で夭折《ようせつ》少なからずということから、宣旨が五畿七道諸国に下され、仁王経と最《さい》勝王《しょうおう》経の転読が命じられている。

A　観応に改元されたのは、疫疾が理由なの？

B　通常ならば、そうだが、この時は天皇が光明《こうみょう》天皇から崇光《すこう》天皇に代わった代始が、理由になっている。この事を記した前左大臣の洞院公賢《とういんきんかた》家では、家中の男女従類が病に罹《かか》って、家司の長信が亡くなり、その子信康ら青侍三人も病になり、下部の雑色三郎が亡くなった。牛飼の古法丸は辛うじて治ったが、女房や下女も病になるなど、「大略、青侍以下」が罹り、家で大般若経転読を行ったという（『園太暦《えんたいりゃく》』）。

A　身分の低い人が病に罹ったんだ。

B　そう、続いて面白いのが、「一つ目の鬼」が横行し、その向かう先では必ず病気になったといい、柳原《やなぎわら》辺で仙洞の水司《すいし》が行き向かって病死し、光綱朝臣の下人の妻女もこの鬼を見たという記事。絵巻に**『百鬼夜行絵巻』**（**図㉞**）があって、それにはこの「一つ目の鬼」は載っていないが、大きな目玉に金髪を垂らし、緑の褌《ふんどし》を締め、手に紅旗を押し立てている鬼がいる。

A　でもこれを果たして疫鬼といえるかどうかな。

B　貞和五年（一三四九）六月、四条河原《しじょうがわら》の田楽桟敷《さじき》が大崩れして、多数の死者が出た。これは京の四条河原で行われた四条橋の架橋のための大規模な勧進田楽であり、祇園社執行の行恵が勧進元になって行われた。周囲が八十三間《けん》、三重四重の桟敷が打たれ、新座《しんざ》・本座《ほんざ》の田楽が老若対抗戦の形で行われた。梶井宮尊胤《かじいのみやそんいん》法親王や二条良基《にじょうよしもと》、足利《あしかが》尊氏《たかうじ》・道誉《どうよ》らの武家、諸寺の僧・諸社の神官に至るまで見物したという。

A　四条橋といえば、祇園社への参道に架かる橋であるから、祇園社の御霊を鎮める意味もあり、この疫病流行時において大規

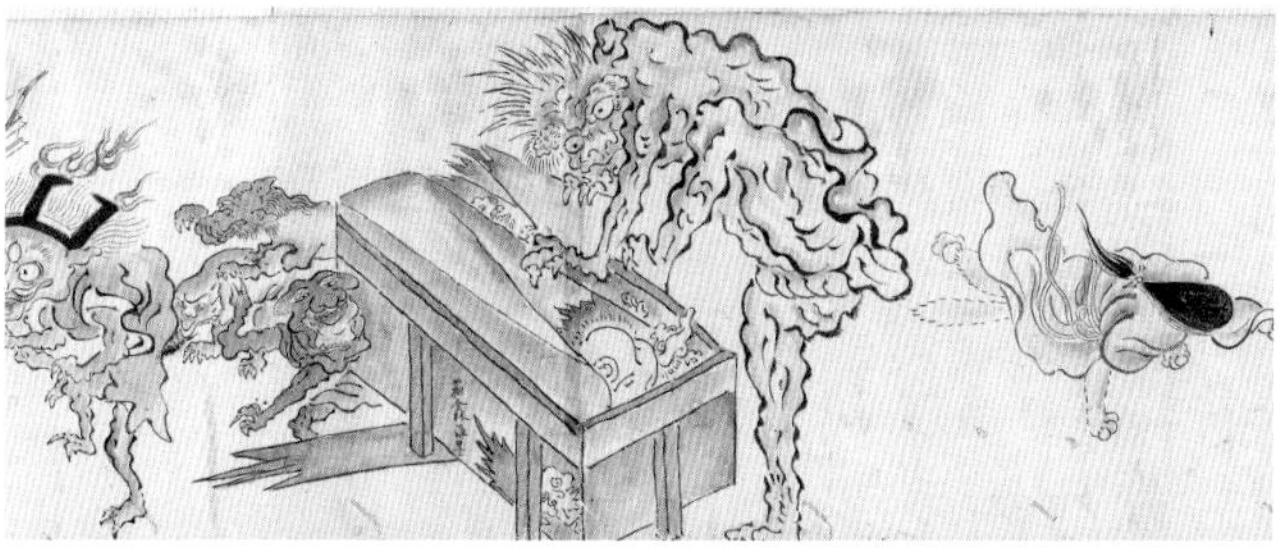

図㉞『百鬼夜行絵巻』の大きな目玉に金髪の鬼。ColBase（https://colbase.nich.go.jp/）

模な田楽が行われたのは、疫病退散の願いが込められていたと考えられる。

B 田楽と疫病とが関わりの深いことを考えると、そう見ていいだろう。

A そう、そう、**『一遍聖絵』（図㉟）**には四条橋が描かれていた。この橋も疫病に関わって架橋されたとは考えられないかな。

B 不意をつくね。四条橋は院政期から勧進によって架橋されてきていて、多くは洪水で流されたため再建されてきたのであるから、疫病と結びつけることは難しいが、洪水とともに疫病が流行したと考えると、全く考えられないわけではない。

動乱の終息と『庭訓往来』

B 延文《えんぶん》五年（一三六〇）閏《うるう》四月二十四日、「近日、民間疾疫の憂」から改元が問題となるが、武家が在陣し、合戦最中なことから改元は猶予となり、五月に四角四堺鬼気祭が行われ、伊勢神宮に使者を派遣して天下泰平を祈らせている。

A 『太平記』には、「都には去年の火災、旱魃、飢饉、疫癘、都鄙の間」に興り、死骸が道に充満したことは、「只事にあらず、如何様に改元あるべし」ということから、延文六年三月晦日《みそか》に康安《こうあん》と改元したものとあって、この時に伊勢大神宮の託宣があったという。

B その託宣は、仁木義長《にきよしなが》が伊勢神宮の神領を押領したことから出されたものであり、疫病とは関係ないが、神宮から託宣があったことは、伊勢神宮の存在感の高まりを示している。延文五年初春から冬に至るまで、「一天兆民病疫、十の八九、亡くなった」ので、昔の嵯峨天皇の時に弘法大師が祈ったことを思い、「天下今、病疫の時、人民尽く死す、最も悲しみ堪へん」と法語に記されている。

A やはり弘法大師の例は後世に大きな影響をあたえたんだ。

B 疫病は翌年にも続き、貞治《じょうじ》二年（一三六三）閏五月に京都で、同四年には京都及び諸国でも疫病が流行した。

A 足利義満《よしみつ》が将軍になって、動乱がようやく鎮まってゆくのはその五年後のこと。

B 義満の治世下でも応安《おうあん》六年（一三七三）

図㉟『一遍聖絵』に描かれた四条橋。東京国立博物館蔵 ColBase（https://colbase.nich.go.jp/）

六月に疫病の祈禱があった。翌年に疱瘡《ほうそう》が流行し、永和《えいわ》四年（一三七八）五月に「天下病事」により四角四堺鬼気祭が行われ、六月に改元が審議され、七月に「三日病」が流行、翌年三月に疫病・兵革から康暦《こうりゃく》元年となっている。

A　往来物の『庭訓《ていきん》往来』が、この頃に著されている。

B　正月から十二月までの往復書簡を通じて、様々な知識を伝えているが、十一月の書簡で、病気の種類と治療法、予防・健康保持のための禁忌などを記しているが、これは疫病と関係していると思う。時《じ》宗金蓮《こんれん》寺の僧による『新札往来』の康暦《こうりゃく》二年（一三八〇）八月五日の書写本が伝わるなど、十四世紀から十五世紀にかけ往来物が多く作られたが、『庭訓往来』のように薬や病について記している往来物は他にはない。

A　編者は諸国の事情に詳しい連歌師である、と君は言うが、その根拠は。

B　義満の厳島《いつくしま》参詣に「医術を学び神に通ず」といわれた坂士仏《さかしぶつ》が同道している。その父十仏《じゅうぶつ》は連歌師でもあって、康永《こうえい》元年（一三四二）に伊勢神宮に赴き山田《やまだ》の三宝院で「群集」して「法楽の連歌」を初めて行なっているが（『伊勢太神宮参詣記』）、その時に疫病が流行している。連歌師の旅の苦労の一つは病で、疫病が流行時の旅には薬は必須《ひっす》だった。

A　そういえば、歌僧の宗久《そうきゅう》は観応二年（一三五一）に都を出発し、翌年秋に白河関《しらかわのせき》を越え、松島《まつしま》を訪れていて（『都のつと』）、その時にも疫病が流行していた。

B　松島には、その観応二年に亡くなった浄土真宗の本願寺《ほんがんじ》三世の覚如《かくにょ》が訪れており、その一生を描く『慕帰絵《ぼきえ》』には松島（巻六）や、紀伊の和歌浦《わかのうら》（巻七）、丹後の天橋立《あまのはしだて》（巻九）が描かれている。

A　動乱期にあっても連歌師や僧は旅をしていたんだ。もうこの頃に日本三景の二つがすでに描かれていたとはね。もう一つの安芸の宮島《みやじま》は『一遍聖絵』に描かれており、名所絵は鎌倉後期から描かれるようになっていたことがわかる。

B　康暦元年（一三七九）は天変疫疾により、三月に改元された。三条公忠《さんじょうきんただ》は、父の代から仕えてきた三善広衡とその妻が「疫癘の身」となって斃《たお》れた際、その子が「末後の時」に疫癘《えきれい》を畏怖《いふ》してこなかったのを「不孝の至り」と日記に記している（『後愚昧記《ごぐまいき》』）。その後、疫病の流行で改元が相次ぎ、明徳《めいとく》五年は応永《おうえい》元年（一三九四）に疱瘡病で改元されている。

室町幕府と疫病

B　応永十五年（一四〇八）六月、天下一同の三日病があり、翌年五月に足利義満が亡くなって、子の義持《よしもち》が政治を行ったが、その三月に坂士仏が義持に召されて脈をとったところ、「御風気」に驚いて治療するも治らず、大般若経法の祈禱などが行なわれ、義持は伊勢神宮に三十三人を代参させて病の平癒を祈らせた。

A　伊勢神宮といえば、無住が伊勢神宮に赴いて神官から聞いた話によれば、天上から下ってきた第六天《だいろくてん》の魔王（他化自在天《たけじざいてん》）が、人間界で仏法を妨げようとしたところを、天照大神がなだめ、天上に返したとある。天上の第六天魔王が疫病を流行させていたもの、と考えられていた。

B　伊勢代参の史料は、後の代参時の先例として記されているものなので、疫病によるのかはわからないが、伊勢代参は、坂士仏の父十仏が大神宮に参詣していたことから見て、坂家の主導によるのであろう。

A　朝廷はどのように対応したの。

B　翌年五月に天下大疫病が「興盛」とな

り、それを遁《のが》れる人がいなくなり、後小松《ごこまつ》天皇も病になったので、疫病流布をはらうために不動法を修し、興福寺に臨時心経会《しんぎょうえ》を行わせた。これに興福寺では、南大門《なんだいもん》に僧らが出仕し「寺社安穏、貴賤上下万民豊楽、徐病延命、疫難消除」を祈った。

A　南大門では翁猿楽《おきなさるがく》が行われるなど、広く人々が見るのに便利な地であって、疫病退散には格好の舞台だ。疫病退散の動きは古くから民間からおきていたからね。

B　応永二十三年八月九日には桂《かつら》地蔵に「風流拍物」が参り、将軍家や斯波《しば》氏は自ら風流拍物《ふりゅうはやしもの》を演じ（『看聞日記』）、その年七月四日の桂地蔵の縁日に風流の囃物《はやしもの》が行われている（『桂川地蔵記』）。翌応永二十四年閏五月、伏見宮貞成《ふしみのみやさだふさ》王は、所領の山城伏見郷民の疫病から仁王経を読ませている。

A　桂地蔵の風流と疫病と関係があるの。

B　疫病は前年から流行していた。疫病とともに風流が広がったのだろう。

A　地蔵は、地獄に下って救済する菩薩《ぼさつ》だから、疫病と関係があるかもしれない。この時期の京都の民衆の動きはわかるのかな。

B　応永二十五年に五条東洞院《ごじょうひがしのとういん》にある因幡堂が園城寺の末寺から離れようとする動きがあったので、園城寺の僧が押し寄せるという噂が広がると、「近辺の町人」が昼夜警護したという（『康富記』）。

A　因幡堂の本尊は薬師如来《にょらい》で疫病から民衆を護《まも》ってくれるから、近辺の町人が警護したのだろう。襲って来るのは、園城寺僧というより疫病だったのかも知れない。

B　京都では、家々の前の道に井戸があって生活用水として使われ、道の真中を流れる小川も使われたが、道から侵入する暴力には、出入り口に木戸（釘貫《くぎぬき》）を構えており、これも疫病対策の一つと言えよう。

　義持は、応永二十七年秋に高熱をともなう病を発し、九月八日に近習三十三人を代官として伊勢に出発たせ、病が治癒した冬には、自身が参宮して願を果たそうとするが、大名に止められ、御台所《みだいどころ》（日野栄子《ひのえいし》）を代参させている。御台所代参の初例だ。

A　義持の伊勢にかける期待はなみなみならぬものがあったのだが、御台所も代参しているんだ。

疫病と伊勢の治病神

B　翌応永二十八年（一四二一）正月、天下飢饉《ききん》・疫病により「万人」が死亡した。『看聞日記』二月十八日条は次のように記している。

「去年炎旱飢饉の間、諸国貧人上洛し、乞食充満、餓死者数知らず。路頭に臥すと云々。仍て公方より諸大名に仰せられ、五条河原に仮屋を立て、施行を引く。食を受くる死者また千万と云々、今春、疫病興り、万人死去と云々。天龍寺・相国寺施行を引き、貧人群集すと云々」。

A　ここでも疫病と飢饉が重なった。

B　そこで四月に朝廷は五条天神《ごじょうてんじん》に流罪の宣下を祇園社に命じた。

A　何と神を流罪に処したんだ。五条天神といえば思い出すなあ。『徒然草』に見えたはず。

B　二百三段だ。天皇の病気や「世の中さわがしき時」には、「五条天神に靭《つぼやなぐい》をかけらる」とある。検非違使配下の看督長《かどのおさ》が勅勘を蒙《こうむ》った家の門口に靭を掛けて閉門謹慎を命じていたことから、天皇の病気や世情不安な時には靭を五条天神に掛けるようになっていたのだが、兼好は「今の世には封をつくる」と記し、天神に封をかけるようになったといい、それが今は流罪宣下になったわけだ。

A　五条天神は五条西洞院にあって、『義経記《ぎけいき》』によれば、源義経《よしつね》が法師陰陽師の鬼一法眼《いちほうげん》が差し向けた湛海《たんかい》と対決して勝利したところだが、ほかにも疫病対策はあるの。
B　五月十三日に「天下飢饉病事御祈」のため諸社奉幣が行われ、郊外の村でも「地下人多く死去、或は病悩」ということから、「過去追善、現在祈禱」のため百万遍《ひゃくまんべん》念仏が行われた。
A　百万遍念仏とは、阿弥陀仏の名号《みょうごう》を百万回唱えることだが、この時期から始まったの。
B　いや、早くからあったが、この時期から民間に広がったとみられる。疫病は公家《くげ》をも襲い、北畠《きたばたけ》大納言、中山大納言入道が亡くなり、菊亭《きくてい》左大臣家では「家中家僕上下廿八人死去」という事態となった。
A　観応の疫病の時とは違って貴顕の人々をも襲ったので、伊勢の神に救いを求めるようになってきたわけだ。
B　伊勢の神もこれに応《こた》えたのであろう。六月二十七日の伊勢神宮の託宣は、「去々年蒙古襲来の時、神明治罰に依り異賊若干滅亡し了ぬ、その怨霊、疫病を成し、万人死亡すべし」というものであって、朝鮮の対馬来寇《つしまらいこう》時に神明の治罰で異賊が滅んだのだが、その怨霊が疫病をはやらせたという。
A　疫病は第六天魔王によるのではなく、御霊信仰に基づくものだったのか。
B　そうともいえない。これは一つの託宣によるものであって、第六天魔王によるものも考えられたと見られる。実際、義持はこの年の二月、三月、九月と自ら参宮しており、翌二十九年九月には別の三十人の近習を参宮させるなど、伊勢の神は治病神と見做《みな》されていた。
A　なるほど。蒙古襲来のことが想起されたのは、鎌倉後期に伊勢の神に敵伏攻略を祈禱させたからであり、その時に第六天魔王のことが語られるなど、伊勢神宮の存在感が蒙古襲来時から高まってきた。
B　そう、それもあって時宗の他阿《たあ》が伊勢神宮に参拝した。『遊行上人縁起絵巻』巻五の四段によれば、外宮の二の鳥居の前、念仏をする他阿や時衆・結縁衆が座り、鳥居の中の境内に浄衣の神職が座って、背後に社殿がある。内宮の二の鳥居の前では、他阿や時衆の念仏を描き、二つの鳥居の彼方《かなた》に社殿がある。

室町中期の疫病と芸能

B　『看聞日記』応永二十九年（一四二二）九月六日条には、前年応永二十八年に「飢饉病悩万人死亡」追善のために、勧進僧が集まって死骸の骨で地蔵六体を造り、大石塔を立てて、その供養のために施餓鬼《せがき》を行ったという。
A　勧進僧により施餓鬼が行なわれるようになったとは、新たな動きだ。しかも地蔵を骸骨で造っているのは、桂地蔵の「風流拍物」が思い出される。大石塔とは五輪塔《ごりんとう》かな、それとも宝篋印塔《ほうきょういんとう》、そうだ、大石塔といえば宝塔だろう。
B　記事は、この施餓鬼のことを語った後、六日には五条河原で大施餓鬼が行なわれ、「読経万人鼓騒」の中、将軍が見物するために桟敷が打たれ、五山《ござん》僧が施餓鬼を行うように命じられたが、風雨によって延引されたという。天龍寺《てんりゅうじ》・相国寺《しょうこくじ》に施行が命じられていたのである。
A　禅を愛好した将軍義持は、禅僧に武装を禁じる一方、施餓鬼をさせたわけだ。
B　そうだね。翌七日に河原施餓鬼があり、「勧進野僧」が施餓鬼を行なうのは、あるまじき事であり、五山僧が行なうべきであると山門が訴えたという。
A　相変わらず山門は京中の秩序の維持に関わっていたんだ。それで。
B　勧進僧と「河原物」との喧嘩《けんか》があって、僧が二人突き殺され、施餓鬼供養の供具が散々に失われた。河原者が施物を過分に

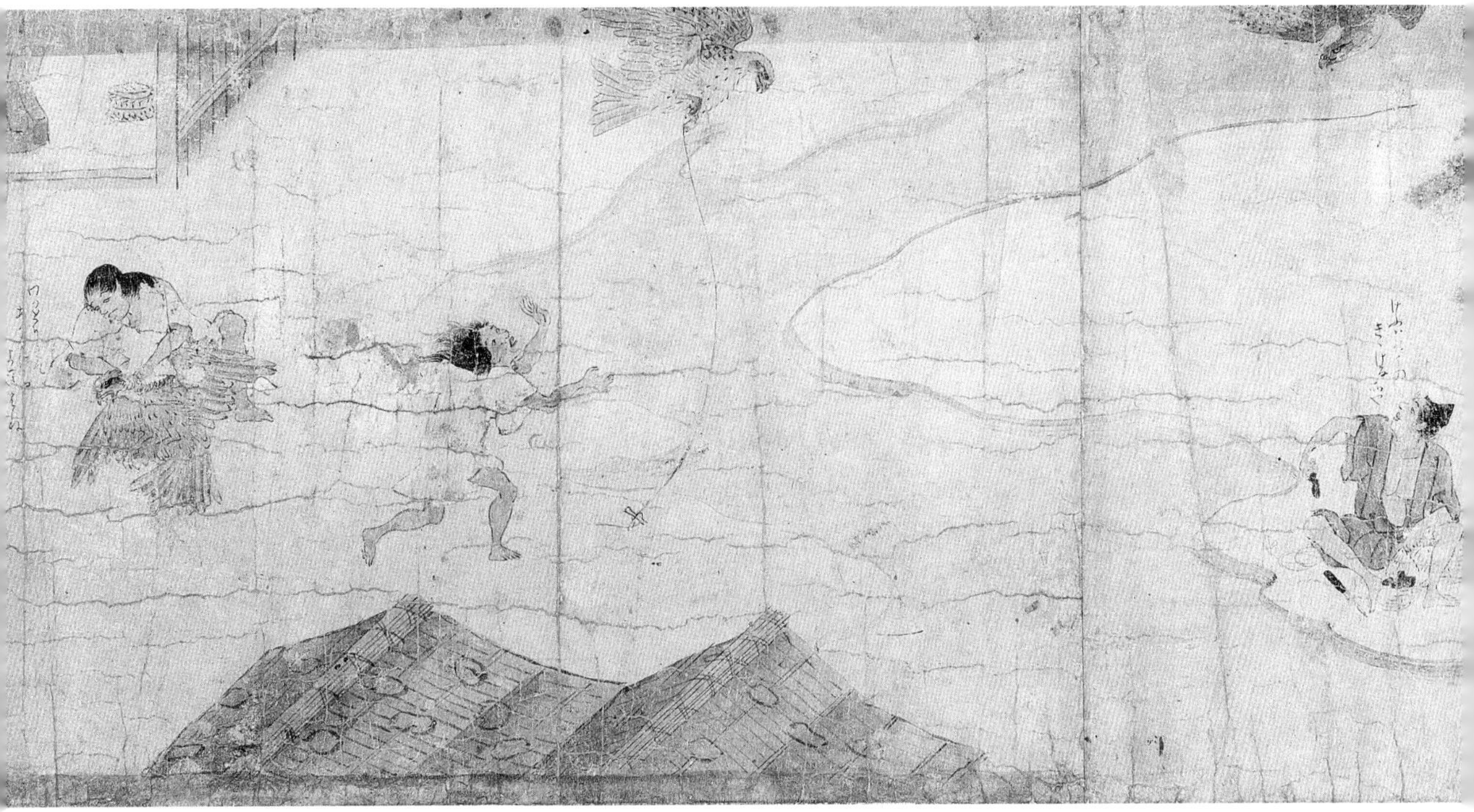

図㊱『天狗草紙』伝三井寺巻の五段の、四条河原で天狗が捕まって殺された場面。

取ったのは、「天魔」が大風・大雨で障害させたものであると見られ、そこで将軍は沢山の勧進の施物を五山に入れて施餓鬼を行うよう命令を出したという。これらはすべて「天狗障礙の不思議」であるという。

A　施餓鬼が行われるにあたっては、多くの利権が絡んでいたんだ。河原者といい、天魔・天狗がかかわる、そうだ、河原者・天狗といえば『天狗草紙』だ。絵巻を愛好する君の出番だね。

B　永仁四年制作であるが、説話風の話であって、河原者は早くから現れていた。伝三井寺巻の五段の、四条河原で天狗が捕まって殺された場面（**図㊱**）。大きな鳶（天狗）が、河原の板屋根の前で針のついた縄を引っ張って舞いあがるのを、子が見上げており、近くでは捕まった鳶が、子の母の手で羽を剝《む》かれ、板壁の家の中には臼《うす》が、生垣に囲まれて畑があり、獣の皮が二枚、地面に小杭《くい》を結わえ干されている。

A　多くは京での話や事件だったが、疫病は京だけのことかな。

B　東国は下野に足利学校があり、そこには「学校省行堂日用憲章」という禅院での病舎「省行堂」が設けられていた。応永三十年（一四二三）八月にその入院心得五箇条が定められ、その規則に反したものは、「堂主」が学徒との協議に基づいて学校への出入りを禁止しているが、これは疫病と関連するのであろう。

A　そうか、足利学校の病舎の規則はこの時のものだったのか。

B　京では、近江・河内・美濃の声聞衆《しょうもん》が上洛して、桟敷を所々に構えて舞や語りを演じるなどしていた（『康富記』）。義持は将軍職を義量《よしかず》に譲ったが、応永三十一年にも大疫病、大飢饉、人民多く亡くなって家を失せ、村を失せることがあり、その翌年に義量が、正長《しょうちょう》元年（一四二八）には義持も亡くなって、くじ引きで青蓮院義円《しょうれんいんぎえん》（義教《よしのり》）が継承するなか、この年も飢饉疫病によって多くの死者が出た。

A　この時だね「一天下の土民蜂起す」という徳政《とくせい》一揆が起きたのは。鎌倉中でも二万人が亡くなったという。

B　飢饉・疫病との関係ははっきりしないが、以前から続いてきていた事態や世情不安が重なってのことだったろう。義教の治世になった永享《えいきょう》四年（一四三二）八月に疫病が流行し、同七年には陸奥の会津《あいづ》四郡で流行し、同十年にも京で疫病が流行している。

A　東国で足利持氏《もちうじ》が管領《かんれい》の上杉憲実《のりざね》を討伐しようとした永享の乱が起きた年だね。

B　永享十年四月、正月から「洛中以ての外の疫病流布」し「死門に赴く輩数知れず、病人巷に満ち言語道断」ということから、祈禱が行われ（東寺文書）、五月十四日「夏の初めより世間病死流布、都鄙病死者数知れず」の有様で、出雲大社の神託発句が世間に流布し、二十五日には「病事、下賤の輩に興盛」により「伊勢の神歌」が護符として家々の戸口に押された。

A　伊勢の神歌が護符とされたんだ。どんな歌。

B　歌は「神風やよものことの葉吹きたらひ　ちらぬは人の命なりけり」とある。十一月に姉小路西洞院《あねこうじにしのとういん》に伊勢外宮が遷宮して高松神明と号し、粟田口《あわたぐち》神明や高松神明なども勧請された。伊勢神宮の神主は、洛中洛外で「今神明」と号して大神宮の御殿の造立することの停止を求めるが、「今伊勢」「飛神明」などと呼ばれ勧請されていった。

A　神風が流行病にも効くようになったわけだ。十一世紀初頭に今宮社が生まれた頃のことが思いだされる。御霊信仰が広がるとともに、新たな芸能が流布した。新たな時代が到来したんだ。

寛正の疫病飢饉

B　足利義政《よしまさ》の治世下の宝徳《ほうとく》元年（一四四九）、六月十二日に「疫癘の苦因」「飢饉の憂」から、朝廷は仁王経・般若経の転読を祇園社に命じて厄を払わせ、十六日には五畿七道に祈禱を命じている。

A　朝廷は相変わらずの疫病対策だね。

B　宝徳二年には大疫癘で、京中で一日に千人が死亡、享徳《きょうとく》元年（一四五二）・二年と小児が「いもやみ」で亡くなり、長禄《ちょうろく》元年（一四五七）七月二十日に「炎旱彗星疫疾」等から「五畿七道及び洛中外の道俗男女」に般若心経を読むよう宣下があった。

A　庶民を対象に般若心経を読むよう命じているとは、これまでなかったこと。

B　これが疫病・飢饉のはしりで、寛正《かんしょう》元年（一四六〇）に「天下凶荒」「疫癘飢饉」人民死亡者三分の二に及ぶ飢饉が起きた。各地で餓死者が続出、人肉を食うという噂も飛び交った。東福寺《とうふくじ》霊隠軒の太極《たいきょく》の記した『碧山日録』は、その情景を記している。

　京の六条町で一人の老女が子供を抱いてしきりに名前を呼ぶが、何度呼んでも子が返事しないので、女は声をあげ哭《な》き伏した。見ると、子はすでに死んでおり、母親は慟《どう》哭《こく》し続けていた。生まれを尋ねると、河内からの流民という。以下、一緒に読んでよ。

A　三年もの旱魃《かんばつ》が続き、稲が実らない上に重税がかけられ、出さないと刑罰を加えられるので、他国を流浪して食を求めて京までやって来たのだが、遂《つい》に子は餓死してしまったという。飢饉とともに大量の流民が京に入ってきたわけだ。

B　この惨状から時宗の僧願阿弥《がんあみ》が粥《かゆ》の施行に乗り出し、寛正二年二月二日に将軍の許可を得て、六角堂の南の道に十数間、東洞院から烏丸《からすま》まで横長の草屋を設け、六日に飢えた人々を竹輿に載せて収容をはかったところ、群集したので粥を与えるが、九日に死者五、六十人、十三日に流民九十人が亡くなった。

A　十日に三条大納言が「飢人」に膳を与え、十四日に将軍が銅銭数百枚を道路で飢えた者に分ち与え、十七日に願阿弥が死者を鴨川の河原や油小路の隙地に葬り、叢塚《そうちょう》を築いて高顕樹を立てて霊を慰めた。十九日に木幡《こはた》の境内には死者百人、流死者はこれの倍あり、二十一日に太極も飢人に鉢飯を与えた。

B　晦日、四条坊門《しじょうぼうもん》橋の上から見ると、上流の死骸は塊の石のようになって流水を塞《ふさ》ぎ、腐臭に耐えられない。正月からの城中の死者は八万二千人、城北の僧が小木片で八万四千の卒塔婆を死者の上に置いていったところ、二千ばかりが余ったといい、郭外の原野や溝の死者には置くこともできなかった。このため願阿弥は力無く撤収する。死者は養和の飢饉の二倍あった。

A　『大乗院寺社雑事記』には伝聞記事だが、去年の冬から三月ころまで京中で飢え死にした人は毎日五百人、三百人、六、七百人ということから、願阿弥に仰せ付けられ六角堂の前で施行したが、無力なことから止めてしまったという。死人は四条・五条の橋の下の穴に埋めたが、一穴に千人・二千人というが、その数は知らないという。五山に四条・五条の橋の上で施餓鬼を行なわせ、大行道《だいぎょうどう》を行うように命じた。

B　『臥雲日件録』には、六角堂での願阿弥の施行に将軍が百貫文を助成、仮屋は百二間、最初の三日に粥を、その後は菜羹《さいこう》を毎日八千人に与えた。願阿弥は筑紫《ちくし》の人で四条橋を架橋し、前年に百貫文を南禅寺の仏殿の再造に助成していた、という。『如是院年代記』は、洛中の死者の塚が五十箇所あって、一箇所五千人と記す。

勧進猿楽と疫病

A　『糺《ただす》河原《がわら》勧進《かんじん》申楽《さるがく》記《き》』は、去年、諸国旱魃や河内・紀州・越中・越前の兵乱で戦った国人が京都で飢え死にしてしまい、近日の京中疫病は以て外のことであり、公家・武家も少々他界したのは稀代《きたい》の次第であって、将軍が賀茂川の橋上で施餓鬼を命じると、三月晦日に五条橋で建仁《けんにん》寺が、四月十日に四条橋で相国寺、十二日に東福寺、十七日に万寿《まんじゅ》寺、十九日に南禅《なんぜん》寺が、二十二日に法輪寺橋で天龍寺が行った、と記す。

B　橋の上で施餓鬼が行われているのは、あの世とこの世を結ぶと考えられてのことであり、橋は勧進で架けられた公共の場であり天につながっているという考えにもよるのだろう。**『洛中洛外図屏風』**（図㊲）の上杉本には、五条橋・四条橋と、そ

図㊲『洛中洛外図屏風』伍条橋、四条橋とその下の鴨川を渡る神輿、祭に向けた山鉾が描かれ、洛外の法輪寺橋（渡月橋）も描かれている。米沢市上杉博物館蔵

の下の鴨川を渡る神輿、祭に向けた山鉾《ほこ》が描かれており、洛外の法輪寺《ほうりんじ》橋（渡月橋《とげつきょう》）も描かれている。

A　奈良の尋尊《じんそん》の記す『大乗院寺社雑事記』は、越前の河口荘《かわぐちのしょう》の百姓が、去年冬から七月までに餓死者が九千二百六十八人、逐電者が七百五十人以上になった、という報告を記す。河口荘は、白河院から寄進された越前の九頭竜《くずりゅう》川河口にある広大な荘園で、三国《みくに》港から奈良の大乗院《だいじょういん》まで年貢や公事が運ばれていた。

B　六月七日の祇園祭の神輿迎えを、義政は京極持清《きょうごくもちきよ》邸で見ているが（『臥雲日件録』）、疫病が広がっても御霊会は中止されずに開かれた。寛正四年にも疫病は流行し、翌年に勧進猿楽が行われた。

A　寛正五年（一四六四）に鴨川の糺河原での善盛勧進の猿楽興行では、観世大夫《かんぜだゆう》又三郎や音阿弥《おんあみ》が出演して能・狂言が演じられ、三日間にわたり桟敷六十三間で将軍をはじめ多くの武家が見物したという。

B　貞和五年（一三四九）六月の四条河原の勧進田楽に多くの公武の人が集まっていたのが思い起こされるが、諸国では飢饉がまだ続いていて、飢饉や疫病の終息を願って猿楽が行われたと考えられる。

A　検討に値するね。

B　善盛法印は鞍馬《くらま》寺の僧で、疫鬼が大勢登場する**『融通念仏縁起』**（図㊳）の上巻の五段では、鞍馬寺の本堂に赤鬼を連れた毘沙《びしゃ》門《もん》天が現れ、それを参籠《さんろう》する人々が拝んでいて、融通念仏宗の良忍《りょうにん》が机を前に経を読んでいる図が描かれている。飢饉・疫病終息の意味合いがあった。

A　『融通念仏縁起』は多く制作されたと聞くが。

B　そう、禅林《ぜんりん》寺本を融鎮上人が寛正四年に勧進して同六年に完成している。

図㊳『融通念仏縁起』の上巻の五段。

五　戦国期の疫病

大乱と疫病

B　応仁《おうにん》の乱の最中の応仁二年（一四六八）、蝦夷《えぞ》地の松前《まつまえ》で大風があり、飢饉《ききん》・疫癘《えきれい》で多くの人が亡くなるなか、翌年、蝦夷の乱がおきて多数の夷人《いじん》が飢疫で亡くなった（『北海道志』）。

A　蝦夷地からの情報が入り、疫病を通じての社会の広がりがわかるが、これは和人が蝦夷地に進出したからと考えられるが。

B　そうだね。津軽《つがる》十《と》三《さ》湊《みなと》と若狭小浜《おばま》を結ぶ船が蝦夷地の産物を送ってくるようになった。箱館《はこだて》近くの志苔館《しのりだて》の麓《ふもと》からは、常《とこ》滑《なめ》の甕《かめ》に入った大量の銭が出土するなど、蝦夷地との往来が著しくなった。文明《ぶんめい》三年（一四七一）八月、奈良では「はしか」の流布が倍増し「老若」が亡くなったので、十二日に疫病を鎮めるため「薬師図絵」を興福寺の絵所に描かせている。

A　薬師図絵の供養は、寛正の疫病時にも興福寺で行われていて、当時、奈良でも疫病が流行していたことがわかる。

B　八月、奈良で赤痢や「もかさ」の患いの報告があって、薬は効かなかったというが、十四日に長谷《はせ》で二百人がこの病で亡くなり、龍田《たつた》は、小さな里にもかかわらず百人余りが亡くなり、奈良中では「老若六百人ばかりが不覚」で、十六日には京の将軍、夫人（日野富子《ひのとみこ》）、将軍若公《わかぎみ》（義尚《よしひさ》）も「流布の病、御腹下」であったという。

A　大和ばかりか、京都も流行していたのだが、将軍らの病は文明の乱のため、噂として奈良に伝わったのであって、多くの人が京都でも亡くなっていたのだろう。

B　文明五年三月、西軍の山名宗全《やまなそうぜん》が亡くなり、五月に東軍の細川勝元《ほそかわかつもと》が「疫癘」で亡くなるが、この疫癘は前年から「世間に増倍」していた。

A　山名宗全や細川勝元の死によって応仁・文明の乱は新たな段階に入った。

B　興福寺では、除病延命の「薬師図絵供養」を行なうため、興福寺僧に銭が人別に課され、病患倍増で「祭事」として「三《さん》木《ぼく》」を三度打ち、その目数の費用を出てし、赤飯と打ちを用意して伊勢大神宮に手向けると、祝着の者は病災無し、であったという。

A　三木を備える時には、神歌「冥土より蒙古の牛ぞきたりける　はまふき風返せ伊勢の神風」を唱えるのがよろしい、とあるが、「三木」のことは知っているよ。『詠大神宮二所神祇百首和歌』に「御賀玉の樹」とあり、木蓮《もくれん》のことだ。伊勢の神が流行病に効くことは、奈良でも定着していた。

B　西軍の大内政弘《おおうちまさひろ》が山口に帰り、大乱が終わる。

A　文明九年、甲斐《かい》の常在寺《じょうざいじ》の記録『勝山記』に、疱瘡《ほうそう》が流行し、小童で疱瘡を患う者が大半を超え、生きる者は「千死に一生」と見え、文明十三年に「この年、疫病天下に流行す、人病み死事限り無し」とある。常在寺は今は無いが、その日記に伝わる妙法《みょうほう》寺は、日蓮宗の寺院で富士山の北麓にある。

B 日蓮が疫病を国難の一つとして以来、日蓮宗では疫病や飢饉に敏感だからね。足利義政は、文明十二年（一四八〇）に大病を患ってから隠遁《いんとん》を考え、同十五年に**東山山荘**《ひがしやまさんそう》（「**東山殿**」）（**図㊴**）に移り、東求堂《とうぐ》・観音殿《かんのんでん》（銀閣《ぎんかく》）を設けて暮らした。このことから、この時期の文化は東山文化と称されている。

図㊴東山山荘（「東山殿」）。

疫病退散と東山文化

B 文明十六年（一四八四）四月、奈良の諸方の老若が異例の「風・はしか」に罹《かか》ったので、薬師図絵の頓写の手配をした。供養の導師、絵師、行事、油の費用を定め、衣絹は人別銭による奉加とされたのだが、「奈良中零落」のため奉加銭は少く、それでも、二十三日に何とか供養が行われた。

A 薬師図絵供養の布施の衣絹は、奈良中の庶民の奉加銭で賄われたというが、この時期の奈良の町はどうなっていたの。

B 奈良では「地下の堂」とよばれる辻堂があって、そこを拠点として町のまとまりが生まれていた。尋尊が写した**奈良の市街図**（**図㊵**）の所々には辻堂が見え、そのうちの薬師堂郷と薬師堂について、尋尊は「毎事、惣郷のこと、刀禰相催して薬師堂を集会所に沙汰せしめ、会合評定するなり」と記している。

A 奈良の町も、京都と同じくまとまりがうまれていたんだ。

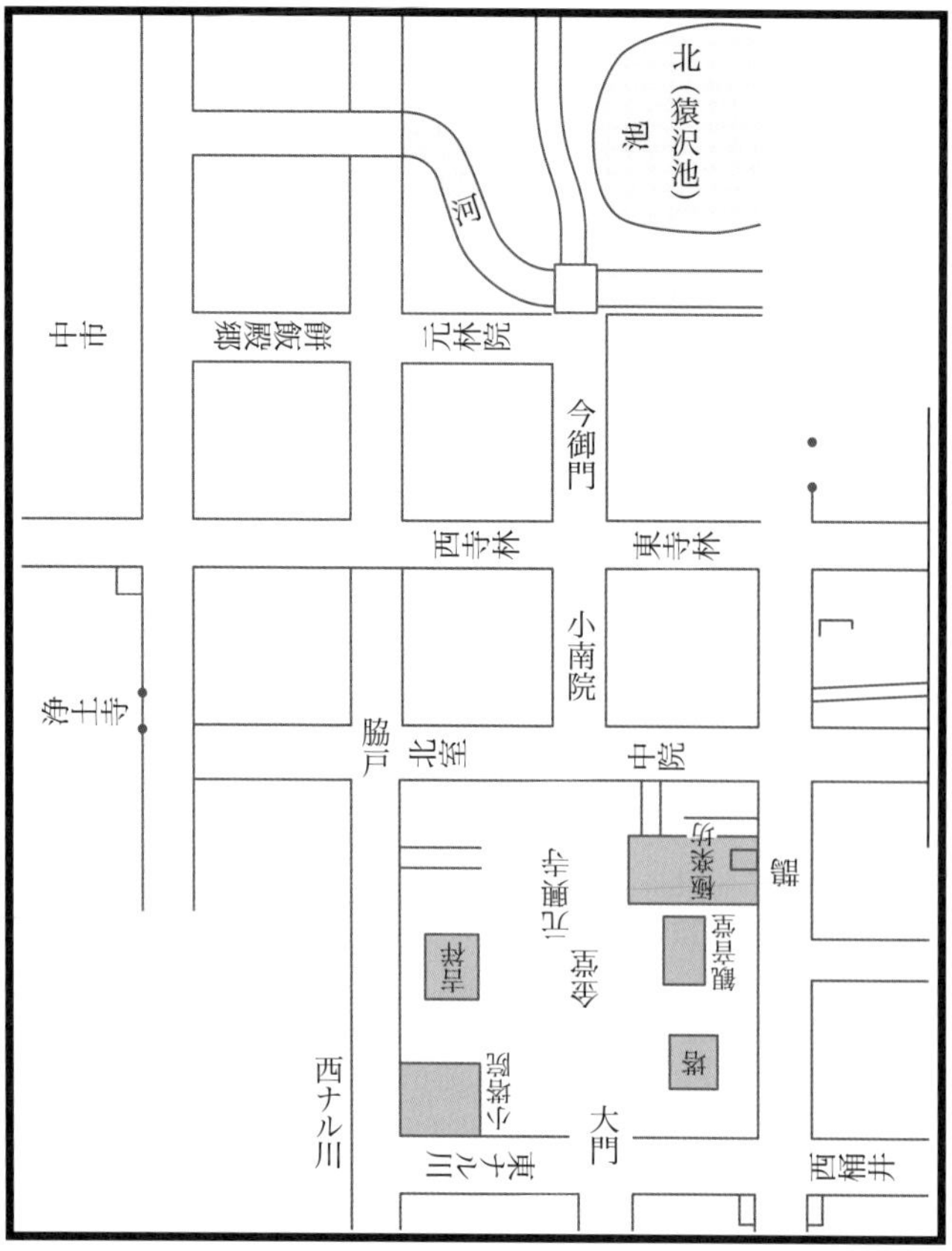

図㊵尋尊が写した奈良の市街図。

B 五月に入って東寺で般若心経会が行われたが、その際に「摺写経二百巻」が用意されており、六月二日には興福寺でも臨時心経会が行われた。

A 多くの人が参加できるよう、図像や摺《すり》経《ぎょう》が用意されたことになる。

B 翌年五月に「病事流布の御祈事」を七日間にわたって行なうよう、伊勢大神宮以下諸社寺に祈禱するよう綸旨《りんし》が出されると、蔵人の中御門宣秀《なかみかどのぶひで》が「勾当内侍」にあて

「御祈の御ともまいらせらるる御心得にて、御披露候ふべく候」と、巻数を献じている。

A　天皇が前面に出てくるようになったのだが、確かその翌年二月に山城国一揆《いっき》が平《びょう》等院《どういん》で掟《おきて》を制定したが、これにも疫病による影響があったのかな。

B　文明十七年（一四八五）に畠山義就《はたけやまよしなり》と同政長《まさなが》とが宇治川を挟んで対陣するなか、南山城三郡の国人が一揆を結んで宇治の平等院で集会を開き、両軍に退去を迫った。翌年には合議して「掟法」を定め、「惣国」として自検断《じけんだん》を行い、半済《はんぜい》を徴収するとした。

A　半済とは、年貢の半分を領主に納めるものだが、田畠の不熟を理由に免除されたり、半済を理由に軍事動員することが行われたりした。この場合、疫病の広がりを理由に半済を行なって、一揆側が徴収するようになった、とは考えられないかな。

B　山城は京都と奈良の中間にあって疫病が流行していたことは疑いない。一揆は「三十六人衆」といわれる国人を中心に運営され、「一国中の土民」に支持され、「下剋上の至り」とまで評された。

A　疫病の影響はあった、と僕は思うが。

B　何でも疫病と結びつけるべきではないが、影響ということならば考えられなくもないだろう。翌文明十九年に改元され、長《ちょう》享《きょう》元年（一四八七）五月三日に疫病を理由に興福寺で心経会が開かれた。この心経会では、幡《はた》三本と竹を立て、米八斗、杉原紙《すいばらがみ》五、中紙《ちゅうし》二畳、絵所の絵具使用の五度入《ごどいり》杯が十、梔子《しし》代二十文、炭一俵、鹿爪竹二本、大蔵紙、青花、赤花、火鉢、御幣櫛が用意された。その米は北面十六人が六升八合、童子九人が三升五合など調進した。しかし、六月三日に奈良中の死人は二千人に達したという。

A　心経会に向けてどう用意されたのかがよくわかるね。

B　心経会は京でも東寺で行なわれていた。翌二年六月三十日から「都鄙の間、病気以て外に興盛」となり、近衛政家《このえまさいえ》や甘露寺親《かんろじちか》長《なが》、三条西実隆《さんじょうにしさねたか》らの東山文化を代表する公《く》家《げ》の日記には、九条政忠《まさただ》の病や、近衛房嗣《ふさつぐ》の死など、周辺の人々が病に臥《ふ》し、死去する見聞を記している。

A　どれどれ、七月三日には後土御門《ごつちみかど》天皇が疫病に罹ったので、七月十九日に将軍が五山に祈禱を命じ、二十日に天皇が吉田《よしだ》神《しん》道《とう》の吉田兼倶《かねとも》に命じて厄神を祭らせ、四箇大寺に祈禱を行わせている。幕府は町々に触れて札を押させたが、この札は町の釘貫《くぎぬき》に押されたのだろう。

B　天皇の病には、公武の祈りがなされ、親長は「上古に聞き及ぶに超過する事か」と、道長の時代に超過するもの、と記している。

A　疫病とともに道長時代の古典文化の再来である東山文化が広がったことになろう。古典文学の注釈や和歌、連歌、庭園、侘茶《わびちゃ》等々の東山文化が展開した。

B　翌年の赤斑瘡で改元した延徳《えんとく》元年（一四八九）にも、山陰《さんいん》・山陽《さんよう》諸国で死亡者多く、明応《めいおう》元年（一四九二）にも京都や諸国で疫疾が流行し、多くの人が亡くなった。

A　まさに東山文化とともに疫病が流行したのであって、宗祇《そうぎ》や宗長《そうちょう》などの連歌師はその疫病の中、各地を旅して湯山（温泉）で連歌を吟じた。

天文の飢饉

A　永正《えいしょう》十年（一五一三）、甲斐では「咳病世間にはやる事、大半に過ぎたり」「この年、天下にたうもと云ふ大なる瘡出て、平癒する事やや久し、形跡は癩人の如し」とあって、大永《だいえい》三年（一五二三）には疱瘡と「いなすり」が流行、小童が多くなくなっている。
B　相変わらず『勝山記』は疫病に詳しいね。京や奈良にも多少の疫病の記事はあるが、疫病が慢性化しているためか、詳しくない。『勝山記』は「天下」「諸国」の疫病をしばしば記しているが、その病が京や奈良で流行していた形跡は少ない。
A　この時期には史料があまりないからね。
B　史料は少ないといっても、京では享禄《きょうろく》四年（一五三一）五月に疫病流布により青蓮院入道導鎮《どうちん》親王に千巻の心経を読誦《どくじゅ》させ、八月三日に伊勢大神宮に祈禱させている。
A　天文《てんぶん》三年（一五三四）に甲斐では「疫病はやり候て、皆々やみ申し候」とある。
B　京では五月二十九日に疫病流行で大神宮以下寺社に祈禱させ、六月十九日には後奈良《ごなら》天皇が般若心経を書写し、大覚寺《だいかく》に奉納している。天文五年に山門と法華一揆が激突したが、この年に疫病が流行していない。
A　天文法華一揆と疫病は関係なかったのか。京の日蓮宗が関わっていた一揆だが。
B　その二年後に流行し、天皇は廷臣を疫神に代参させ、将軍足利義晴《よしはる》は侍臣に代参させている。疫神とは伊勢の神で、その代参は将軍義持以来のこと。天文九年は春からの飢饉で死者が数十万、都では死骸を捨てる者が毎日、六十余人、天下大疫での死者は数知れずとあり、三月二十五日に大神宮に祈禱させ、四月二十一日に幕府に改元のことをはかった。幕府は内談衆が審議したが、改元に至らず、六月十七日に天皇は般若心経を写経し、三宝院義堯《ぎぎょう》に供養させ、不動小法を修して終息を祈っている。
A　甲州《こうしゅう》でも飢饉は「世の中さんざんに候」状態であったが、武田信虎《たけだのぶとら》が信州に取り懸り、弓矢に切り勝ち、一日に城を三十六押し取ったというが、その翌年、「春、餓死至り候て、人馬共に死ぬる事限り無し。百年の内に御座無く候と人々申し候。千死一生と申し候」という状況から、六月十四日に「武田大夫殿様（晴信《はるのぶ》）」が、父の信虎を「余りに悪行を成され候」を理由に駿河に追放している。
B　飢饉に続く疫病で多くの死者が出たにもかかわらず、それへの対策をとらなかった信虎の「悪行」を理由にして、晴信は追放して実権を握ったわけだ。
A　『王代記』という記録は、武田信虎が駿州《すんしゅう》へ出、「晴信屋形御移、一国平均安全」と記すのみであるが、『勝山記』の記すような動きであったとみてよいだろう。晴信は屋形（**躑躅ヶ崎館**《つつじがさきやかた》）（**図㊶**）を拠点に『甲州法度之次第』を定めるなど、民政に心掛けるようになった。

図㊶武田晴信の屋形（躑躅ヶ崎館）、
写真 かぜのたみ／PIXTA

B　戦国大名武田氏の出発点となった事件であり、思い出すのは、寛喜の飢饉・疫病とともに北条泰時が「御成敗式目」を定めたこと。
A　戦国大名は武家の家を興すにあたり、鎌倉幕府の歴史書『吾妻鏡』を読んでいたからね。

戦国大名と疫病

B　天文十一年（一五四二）から弘治《こうじ》三年（一五五七）まで、ほぼ毎年のように正月十九日に後奈良天皇は廷臣を疫神に代参させており、もはや年中行事のようになっていた。

A　天皇の記事は『御湯殿上日記』によるが、他に疫病の記事としては、『勝山記』天文十一年に「秋、世の中、一向悪く候て、大風に三度まで吹き申し候。人々餓死候こと限り無し」という飢饉が見える。

図㊷『洛中洛外図屏風』右隻の唱聞師村の門。米沢市上杉博物館蔵

B　天文十四年十一月十六日には、薩摩の島津《しまづ》貴久《たかひさ》が疫疾の終息を大神宮に立願している（『薩藩旧記雑録』）。

A　『勝山記』天文十九年条には、春に小児悉《ことごと》く疱瘡を患い、夭死するもの甚しく多く、近くの吉田だけでも、五十人が死亡したとあり、「七月、八月に世間餓死いたすこと限り無し」と見えるが、この年に小田《おだ》原《わら》の北条氏が「国中の諸郡退転」を理由に諸郷の公事を免除している。飢饉・疫病のためであろう。

B　弘治二年九月九日に咳疫により京の小児が多く亡くなったので、占ったところ、「貴布禰の神の祟り」であると出たので、勅によって疫神を追ったが、それ以後、洛中の小児は毎年この日を「貴布禰の神の祭日」としたという。貴船《きふね》神社は雨乞《あまご》いの神であるが、その奥には様々な神が鎮座していたことが、台密《たいみつ》の解説書『阿娑縛抄』に記されており、疫神も鎮座していたのだろう。

A　ここでも勅によって疫神を退散させたんだ。『勝山記』によると、永禄《えいろく》元年（一五五八）から飢饉になり、永禄三年条に「己未の年（永禄二年）疫病はやり、悉く人多く死す事、限り無く候。惣じて酉の年迄、三年疫病はやり、邑郷まであき申候事、限り無く候」と見えるが、この時、上杉謙信《けんしん》が関東に攻め入っている。

B　上野の北条方の城を次々と攻略し、翌永禄四年に松山《まつやま》城、鎌倉を攻略し、相模《さがみ》に侵攻して小田原城を包囲した。しかし小田原城の防備堅く、飢饉のため長期にわたる出兵は困難となって退いている。

　謙信は飢饉・疫病で荒廃した関東に攻め入ったのだが、先に見た武田晴信の戦国大名としての自立も、『勝山記』の記事がなければ、疫病が関わっていたことはわからない。他の戦国大名も飢饉や疫病によって動いていたことが十分に考えられる。

A　そうだね。他の地域でも『勝山記』のような記録があればよいのだが。

B　永禄六年（一五六三）十二月には「疫病流行」により伊勢神宮で祈禱、その年から、時に疫病の流行はあっても、天下泰平となり、国土が豊かになったことから、大きな流行はなかった。

A　村が年貢の村請を行うまでに所帯が安定し、都市も賑わうようになった。その賑わいを描いたのが洛中洛外図で、織田信長《おだのぶなが》から上杉謙信に贈られた。上杉本の『**洛中洛外図屏風**』（**図㊷**）の右隻には、釘貫が撤去された洛中の町の賑わいとともに、洛外の唱聞師《しょうもんじ》村には門があるので、疫病流行時には侵入を防ぐ札が吊《つ》るされたのであろう。

六 近世の疫病

徳川初期の疫病

B　天正《てんしょう》六年（一五七八）に麻疹《はしか》が流行、朝廷は天正八年夏、天正十六年五月に諸寺社に祈禱を命じ、妙法院常胤《じょういん》法親王に千巻の心経を読誦《どくじゅ》させ、文禄《ぶんろく》二年（一五九三）十二月二十五日に諸国疫病で後陽成《ごようぜい》天皇が病気になった。

A　慶長《けいちょう》六年（一六〇一）に江戸《えど》で疫病が流行、同八年に徳川《とくがわ》幕府が成立する。

B　信長・秀吉《ひでよし》・家康《いえやす》の天下人は全く疫病に関わっていないかに見えるが、秀吉は関《かん》白《ぱく》任官の天正十三年（一五八五）に施《せ》薬《やく》院を復興し、侍医の徳雲軒全宗《とくうんけんぜんそう》を施薬院使代に任じると、全宗は禁裏の南門に施薬所を設け、身分の上下を問わずに診療をするなど、それなりの対策を講じていた。

A　『日本野史』によれば、慶長十九年（一六一四）九月から十月にかけ、畿内・近畿《きんき》で風疾が流行、翌年に「武家諸法度」が定められ、幕府の体制が定まるなか、元和《げんな》二年に江戸で麻疹が流行、元和五年（一六一九）の夏から秋に至るまで、旱魃《かんばつ》・痘瘡《とうそう》・疫疾が流行して多く亡くなったという（『続皇年代略記』）。信長・秀吉・家康の天下人の時代には疫病の流行が少なかった。

B　同九年正月発令の「大奥法度」で、奥厨所に出入りして、診療する医師は半井成《なからいなり》信《のぶ》、今大路親清《いまおおじちかきよ》と定められた。

A　幕府の医療体制の出発点だ！

B　寛永《かんえい》元年（一六二四）夏、蝦夷地で痘瘡・麻疹が流行、人が多く亡くなった（『北海道志』）が、これは松前藩が成立し、再び蝦夷地からの情報が入ってきたためだろう。寛永十三年、長崎に出島《でじま》が築造され、十四年の島原《しまばら》の乱を最後に諸国の兵乱は鎮まったが、十九年初夏には畿内・中国・四国で旱魃が起き、大雨、洪水、旱魃、霜、虫害が発生するなど、全国的異常気象から飢饉《ききん》となった。

A　武蔵川越《かわごえ》の塩商人榎本弥左衛門《えのもとやざえもん》の『覚書』には「天下大飢饉、日本国中にて人多く死ぬなり」と記され、その年に疫疾も流行していた。飢饉にともなう疫病であり、幕府は徳政政策を実施した。衣食住の生活全般にわたる五カ条の倹約令を出し、田畑耕作奨励の高札を立て、「土民仕置覚え」を出し、百姓や町人の所帯を定めたが、江戸では、「二月から五月に至るまで飢饉で

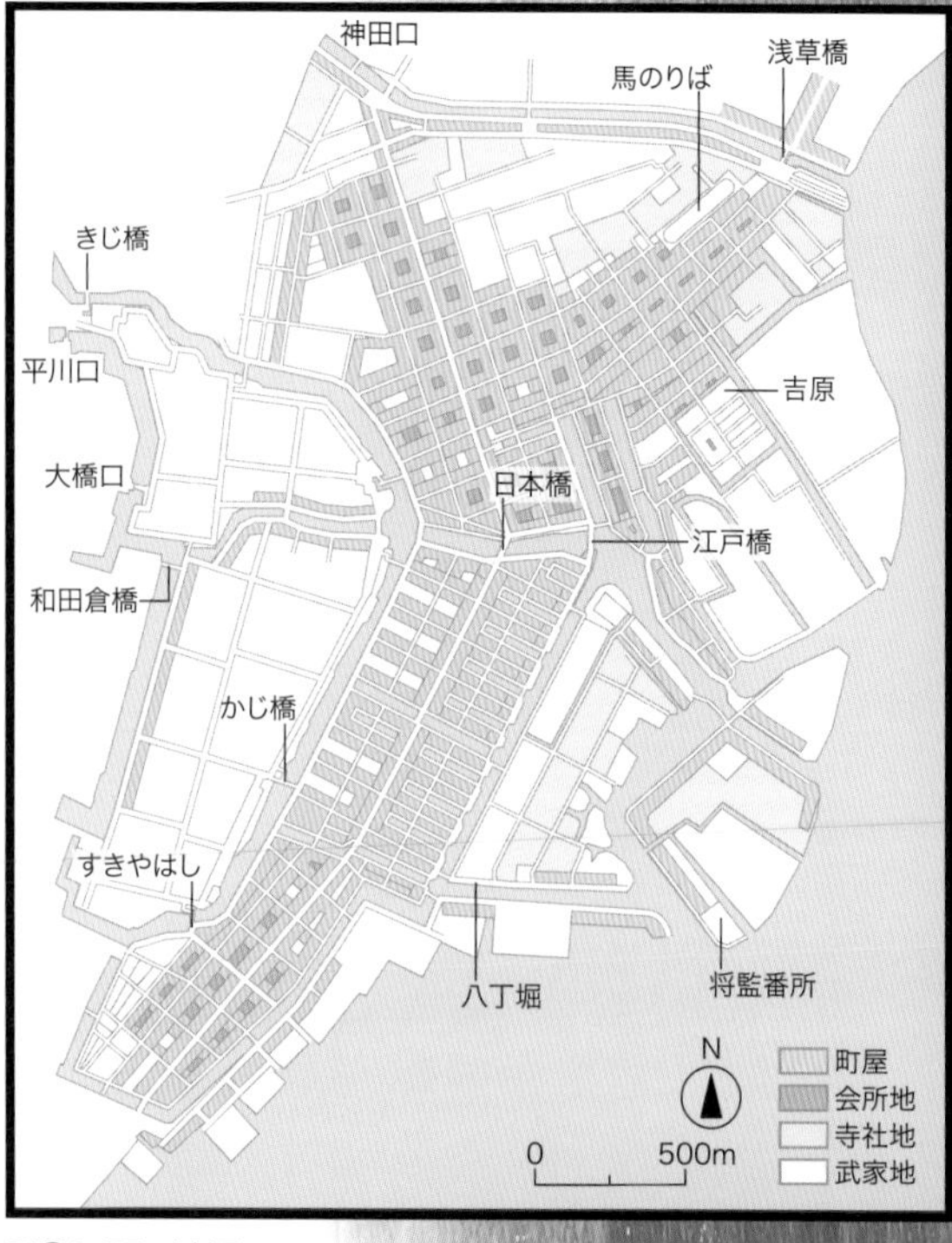

図㊸江戸の地図

餓死する者、府下の市街に満ち」という事態から、仮屋を建てて粥《かゆ》を施した。

B　この頃の**江戸の地図**（**図㊸**）を掲げたが、人家が密集し、疫病が流行してもおかしくない。

A　それにも拘《かか》わらず久しく流行していないのは、天下泰平とともに村や町、家の所帯が定まったからだろう。慶安《けいあん》二年（一六四九）二月には「百姓身持之事」と題する「慶安御觸書」が出されている。承応《じょうおう》二年（一六五三）七月に江戸でも疫病が流布している（『藤堂家譜』）。

B　万治《まんじ》四年（一六六一）に甲州上野原《うえのはら》の塚場で、越前湯尾《ゆのお》峠から来た老婆が亡くなったが、死の直前に疱瘡の残る顔で「疱瘡神を祀《まつ》れば、必ず疫病から逃れられる」と語ったので、村人は越前に往き、疱瘡神の分霊を迎えて疱瘡神社を建立したという。

A　民間で疫病の神を祀るようになったんだ。

B　その越前の湯尾峠の茶屋では疱瘡よけの守り札を出している。茶屋の子孫の末口家には「越前国南条郡湯尾峠御孫嫡子略縁起」の版木が残されており、それによれば、この茶屋で疱瘡神と安倍晴明とが出会い、疱瘡の病を論じあって、疱瘡神が茶屋の娘を苦しませたのを見た晴明が、疱瘡神の力を認めた上で、その守り札の脇に封印を加え、ともに疱瘡から守ることを誓ったという。

図㊹守り札　湯尾峠御孫嫡子。『災厄と信仰』大島建彦、三弥井書店より

A　具体的な病名のついた疫神の登場だ。その**守り札**（**図㊹**）がこれか。湯尾峠御孫嫡子とあって、販売元は「東茶屋・おしや」とある。

B　万治元年（一六五八）には、松前と蝦夷地で疱瘡・疫疾が流行、多くの人が亡くなったという（『蝦夷年代記』）。

A　蝦夷地での流行は、疫病対策がいまだ進んでいないためだろう。

B　延宝《えんぽう》二年（一六七四）に畿内で五穀が実らず、温疫が流行し、死者多く、有職の医者が八解散を用いて救ったが、その症状は悪寒、発熱、耳目を襲い、斑を発したという（『口訣頭書』）。延宝四年（一六七六）八月、京の妙法院の堯如《ぎょうにょ》法親王は、去年からの疫病で『呪時気病経《じゅじきびょうきょう》』を書写し加持した守符千五百枚を諸方に配っている。

A　京でも、守札で身を護《まも》る風習が広がっていたんだ。

B　延宝八年（一六八〇）に肥前《ひぜん》の対馬領で飢饉の疫により八百九十七人が亡くなっている。対馬で疫病が多いのは、朝鮮半島からの影響によると見られる。

A　同年十一月に幕府は出仕者について、「疱瘡、麻疹、水痘遠慮の事」の法令を出し、疱瘡は発病後三十五日を過ぎてから、看病人は三番湯掛かり（酒湯による洗蒸の仕上げ）を経て、麻疹と水痘は病人・看病人ともに三番湯掛かりの後とした。酒湯については**図㊺**の石塚汶上《いしづかぶんじょう》の『**護瘡錦嚢**《ごとうきんのう》』に載る痘瘡病室において酒湯の賀詞を受ける場面がある。

図㊺石塚汶上の『護瘡錦嚢』。国立国会図書館蔵

コラム2

護符

B 中世から護符が使用されるようになった。例えば、京の祇園社の牛頭天王信仰にまつわる**蘇民将来《そみんしょうらい》符（図㊻）**がある。

A 祇園社といえば、「急々如律令」の護符がある。僕が、中国地方の荘園調査をした時の夜、どこかの家の戸口だったか、バーの入り口だったか忘れてしまったのだが、見かけたことがある。

B 蘇民将来は、『拾芥抄《しゅうがいしょう》』に「蘇民将来子孫也」の七字を疫流行の時に載せるとあり、中世から使用されたと見られる。『備後風土記』には、北の海《こ》の神が南の海を訪れて宿を乞うたところ、蘇民将来兄弟の兄は貧しく、弟が豊かだったのに、兄が宿を貸したので、武塔神《むとうしん》は年を経てから八柱の子（八王子）を率い、兄の将来に向かい、茅《ち》の輪《わ》を腰に付けよ、と言って、将来の病の女子一人を助けたが、他を殺し、我はスサノヲと名乗り、疫気があった時、将来の子孫と言い、茅の輪を腰に付ければ免れる、と語ったという。

A 備後《びんご》国といえば、備後の大《おお》田《た》荘を調査していた時だったかな、田の畔《あぜ》に置かれていた蘇民将来符を見て、今でも使われている、と思ったことがある。だいぶ、前のことだから、今はどうなっているか知らないが。

B 蘇民将来の護符は、紙や板の札に「蘇民将来子孫之門」「蘇民将来子孫繁昌也」などと書いて、戸口に貼って魔除《まよ》けにしたり、畑に立てて虫よけにしたりしていた。

A ほかにどんな護符があるの？

B 比叡山延暦寺の良源《りょうげん》が、亡くなる正月に鏡をとり、写し照らし我が像を置くならば、必ず「邪魅」を避けることが出来よう、と語ったことから、それを模して家の「戸扉」に架けるようになったといわれ（『元亨釈書』）、その元三《がんざん》大師の護符がつくられたという。

A それならば知っている。「角《つの》大師」「豆《まめ》大師」ともいい、元三とは、大師が正月三日に亡くなったからという。

B 良源は、『天狗草紙』で天狗を諸寺諸山に派遣して、奢《おご》って仏道を修行していないかを見張らせた慈恵《じえ》僧正で、自らも愛宕《あたご》山の天狗になった僧だが、疫神をはらう存在としても描かれるようになった。掲げた**図㊼**は、良源が近江浅井《あざい》郡の出身ということから、下部に「江州長浜御誕生所」と記され、上部に「疫神病除」、角の左右に「元三」「大師」とあって、頭上には薬師如来の梵字が描かれている。長浜《ながはま》の玉泉寺《ぎょくせんじ》に木造の慈恵大師坐像がある。

A この図はいかにも近世風の描き方だね。そうだ、寛永年間に河内国の百姓が比叡山横川《よかわ》の元三大師の廟に参って田造りの守護を頼んで帰ると、家の近くを流れる寝屋《ねや》川が氾濫したものの、自分の田だけが無事で、妻に聞くと、夜明け前に童子三十人余が来て田を救ってくれたという。そこで百姓はお礼参りに横川に赴き、その時から豆大師の札がつくられるようになったという。

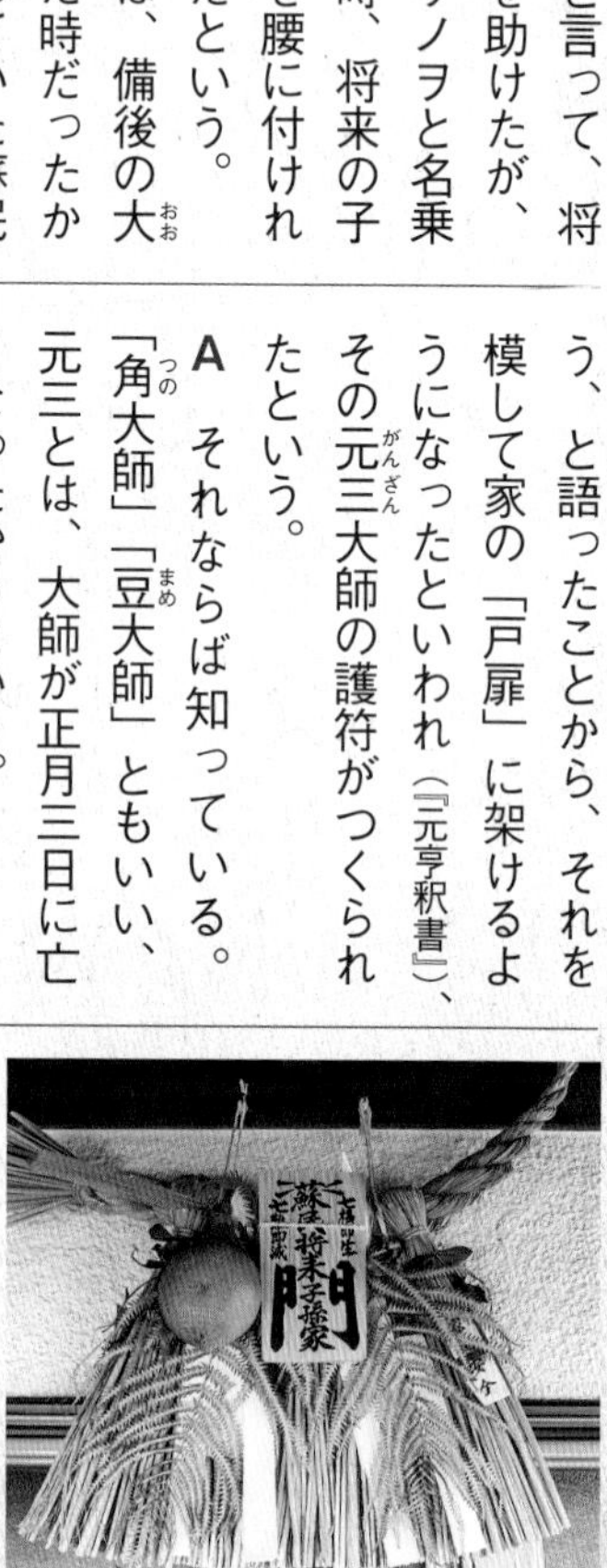

図㊻蘇民将来符、写真 nomo／PIXTA

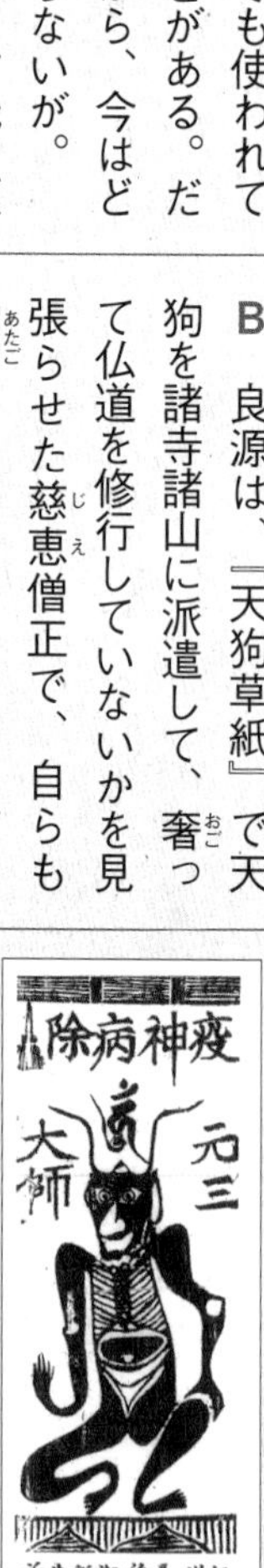

図㊼良源の元三大師の図

図⑱久隅守景の『四季耕作図屏風』石川県立美術館蔵

近世中期の疫病

B　延宝九年に改元して天和《てんな》元年（一六八一）の夏からの疫癘《えきれい》で、諸国の人が多く餓死し、年を越してもやまず、京都や近畿で疫疾が流行した。翌二年三月、京では去年からの疫癘で死者が多く、吉田家の「疫神攘の霊符」を多くの人が求めたという。

A　吉田家は吉田神社の社家、吉田神道の家だが、どんな霊符なのかなあ。

B　貞享《じょうきょう》元年（一六八四）に長崎で発生した「三日疫病」は、関東にまで広がった。この頃、田舎の風景に取材した絵画に久隅守景《くすみもりかげ》の『**四季耕作図屏風**』（**図⑱**）があって、鷹狩や鵜飼、釣り、水辺の納涼などを描き添えている。

A　久隅守景は自然と一体になって自足する理想郷を農耕生活に見た絵師で、『夕顔棚納涼図屏風』なども描き、一服の清涼剤になっている。

B　名古屋《なごや》藩の藩士天野信景《あまのさだかげ》の『塩尻』は、貞享元年（一六八四）四月頃から長崎で疫疾が流行し、死に至る者多く七千余、九州・中国も疫気で亡くなる者が多く、六、七月に難波や京都に及んだが、特に泉南《せんなん》に著しく堺《さかい》の商家は数千人が死亡した。京では組を定めて人形を作り、数十人が金鼓を鳴らし、その疫を送る音は喧《かま》びすしかった、と記す。

A　信景は『尾張風土記』を著した国学者で、その住む名古屋でも、中元《ちゅうげん》の前後、床に臥し、医師が薬匙《やくさじ》を置く暇もなかったというが、亡くなる者はなかった。近江・伊勢・三河も同じ疫に染まり、「三日疫病」とはこのことかと思った、と記している。疫疾は関東にも及んで全国的に流行した。

B　元禄《げんろく》六年（一六九三）八月、国中の諸人が「時疫」にかかって、発熱・悪寒・頭痛の症状が出たので、「黄連香薷散」が用いられてかなり効能があったという（香月牛山『牛山方考』）。

A　翌年三月の江戸の町触は、浪人の筑紫《つくし》園右衛門《そのえもん》が「去年夏中、馬のものを申し出、虚説申出し、其上はやり煩よけの札幷薬の法組を作り、実なき事を書き付け流布いたし、重々不届きにつきて、斬罪に申付くる者なり」と、護符を売り出したため、斬罪に処されている。江戸が大都会になり、こうした流行り病に関わる商売が生まれたのである。

B　明暦《めいれき》三年（一六五七）の江戸大火の反省から、幕府は武蔵・下総《しもうさ》を結ぶ両国《りょうごく》橋を架けて以来、江戸は巨大都市へと発展していたので、こうした商売が生まれてもおかしくはない。元禄十五年（一七〇二）にはまたも、対馬で疱瘡・疫疾が流行している。

A　京都は延宝四年（一六七六）以後、疫病の流行が見られないが、どうかな。

B　約二十年後の宝永《ほうえい》五年（一七〇八）八月、京で麻疹が流行している。

A　江戸では十二月初旬から徳川家宣《いえのぶ》が発

病、加賀藩に嫁いでいた松姫も発病、将軍綱吉《つなよし》も発熱して翌年正月に死去している。将軍まで死去したのだが、この時のことだろうか、駒込《こまごめ》の百姓喜八が、麦藁《むぎわら》で蛇を作って祭礼市で売ると、珍しく売れた。江戸中に疫病が流行しても、この蛇を持つ家は一軒も疫病に罹《かか》らなかったので、以後、駒込富士神社の名物になったという（『江戸塵拾《ちりひろい》』）。

B　京では、この時の麻疹を診た医師の香月牛山は、秋から翌年の冬にかけて「日本六十余州おしなべて麻疹流行して男女老少を問はず、一般の疫麻なり。貴となく、賤となくこの患にて死する者多し」ということから、高倉の旅館で腫れを引かせ、血液の循環をよくする漢方薬を用いて、五百三十余人を治療したところ、一人も亡くならなかったという（『牛山』）。

A　香月牛山《かつきぎゅうざん》とはどんな医師なの。

B　筑前出身で黒田《くろだ》藩医の鶴原玄益から医術を学び、中津《なかつ》藩主小笠原《おがさわら》氏の侍医となり、元禄十二年（一六九九）、上洛して二条《にじょう》に居宅を定めて開業した。その腕前は、東山《ひがしやま》天皇に依頼されて大覚親王を治療、その症候を診断して劇薬を投与して痰《たん》をはかせ、二か月ほどで回復させ、医名を馳《は》せた。麻疹の治療について、寒涼を過ごし、辛熱を用い、補薬を用いるのは害がある、と指摘し、「葛根連翹湯」を用いることを提唱した。十二種の生薬をもとに、症状に応じて十七の生薬をそれぞれ加味投与し、麻疹に応じた。

A　名医だったんだ。

B　正徳《しょうとく》三年（一七一三）に貝原益軒《かいばらえきけん》が京都で『養生訓』を著し、択医・用薬等を記しているが、香月牛山は益軒の弟子で、その『小児必用養育草』の「疱瘡始終日数之説」において、疱瘡の徴候は「ほとおり」「出そろひ」「水うみ」「山あげ」「かせ」が三日ずつあって治るのだが、時に死ぬこともある、と記している。

A　新たな薬の故もあって、大都市では流行が広がらなかったのか。

B　これは**寛永期の京都の地図**（図㊾）で、秀吉が築いた土居が見えるが、これをとりはずせば、大きく変わらない。公家地・寺社地・武家地が入り交じり、町家が密集している。

A　京都は上杉本洛中洛外図の描かれた頃とは、大きく変わったんだ。

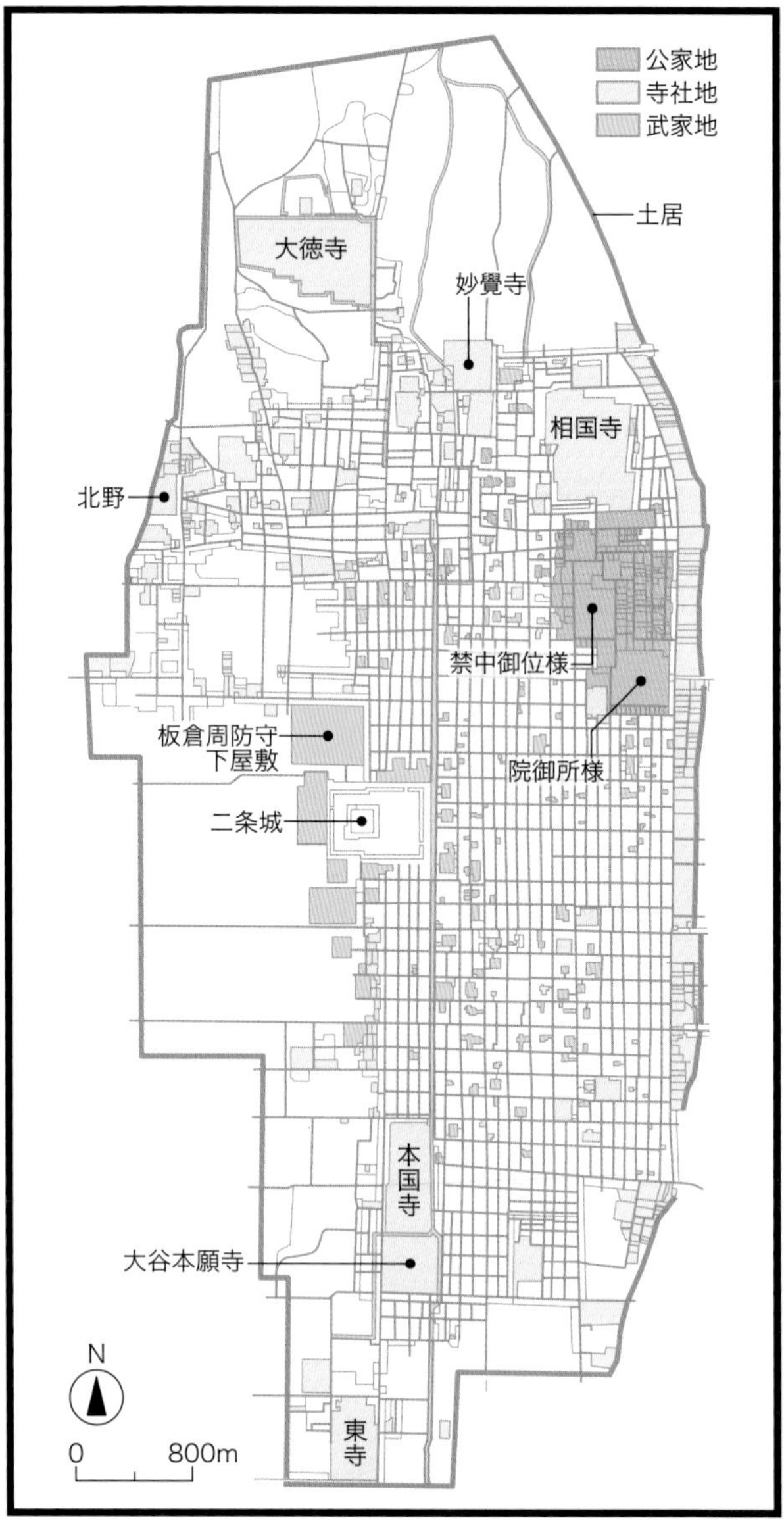

図㊾寛永期の京都の地図

享保の疫病

A　江戸では正徳二年（一七一二）に松江《まつえ》藩の松平宣雄《のぶかつ》の嫡男が疱瘡に罹ったので、託宣によって鷺大明神に祈願したところ、快癒したので、雑司ケ谷《ぞうしがや》の鬼子母神《きしもじん》堂の境内に、鷺大明神を勧請したという。

正徳四年八月から冬まで疫疾が流行し、江戸小舟《こぶな》町の天王祭のお旅所を小伝馬《こでんま》町から小舟町に移して疫癘をはらい、それ以後は小舟町に定着したという（斎藤月岑『武江《ぶこう》年表』）。月岑《げっしん》は、神田雉子《かんだきじ》町の名主で和漢の学に長じて絵をも修めた。

B　江戸でも疱瘡神が祀《まつ》られ、御霊信仰に関わる祭礼も開かれるようになったんだ。

A　徳川吉宗《よしむね》が将軍になった享保《きょうほう》元年（一七一六）に諸国に疫病が流行し、夏に熱を煩う病人が多く、一か月のうちに亡くなる者は八万余人に及び、棺《ひつぎ》を造る家も間に合わず、酒の空樽を求めて死骸を寺に葬ろうにも墓地がなくなり、火葬にしようとすれば棺桶《かんおけ》の数が重なって十日二十日のうちに火をかけられなかった。そこで当来の順番に荼毘《だび》に付したが、日数がはるかにかかるので、貧しい者は如何《いかん》ともしがたく、町所の長も世話できず、公庁に訴え、慈悲を賜って、寺院に命じて死骸を回向《えこう》の後、菰《こも》に包んで舟に乗せ、品川《しながわ》沖に流し、水葬にしたという（『正徳享保間実録』）。

B　この時のことか、「風吹かば本来る空のそらに吹け　天にあたりて何の益なし」という疫除《よ》けの歌が上方《かみがた》から流行し、門戸に貼り付けられたというのは（本島知辰『月堂見聞衆』）。

A　将軍吉宗は同年八月の法令で、幕府の医員について、疱瘡や水痘の病家に往診した日の当日は、出仕を遠慮し、翌日から出仕するよう定め、江戸の町を整備して享保七年に目安箱《めやすばこ》の建議から小石川《こいしかわ》養生所を建て、病人の救済を行なうようになった。

B　古代の悲田院にならったものだ。享保八年（一七二三）五月に伊勢・志摩《しま》・丹後及び北陸諸国及び東国で疫病が広がり、諸国で痘瘡が流行して、小児の死者多く、同九年六月に三河・美濃以西の国では、五月から雨が降らず、京畿では疫病が流行し、人が多く亡くなり、十三年にも京で疫病が流行した。

A　流行の国は限定的だが、小児の痘瘡の流行は相変わらずだね。享保十五年（一七三〇）十月に京畿諸国で麻疹が流行し、十一月に江戸で「鍋かぶり」という病が流行っている。

B　享保十七年三月には天下飢饉、疫癘となり、西海道《さいかい》では、小倉《こくら》で男女七万人が疫餓死し、肥前佐賀でも十二万余が疫餓死、筑前の三十六万人のうち、男女の疫餓死人は九万六千七百二十人に及んだという（『成形図説』）。飢饉は「七、八月に到り、西国・九州・四国・中国筋すべて稲虫が一時に生じ、次第々々に五畿内まで移り」「田畑　夥《おびただ》しく損亡これあり。土民飢渇に及び、五畿内大坂辺まで道路に倒れ候もの数しれず」というものであって（『草間伊助筆記』）、翌十八年にまで及んだという。

享保十八年の疫病

B　それとともに疫病が享保十八年六月から秋半ばにかけて全国に流行したが、特に摂津・和泉《いずみ》・河内では流行が著しく、六月まで患者・死亡者が多かった。

A　多いって、どれほど？

B　大坂《おおさか》市中で、患者一万六千四十六人うち全癒者が、「家持」八百九人、「店借の者」七千七百三十八人、「下人下女」

八百八十二人で、あわせて九千四百二十九人、死者が、「家持」百九十人、「店借の者」二千三百三十七人、「下人下女」七十二人であわせて二千五百九十九人となり、六月現在の患者は「家持」百九十二人、「店借の者」三千六百五十九人、「下人下女」百四十五人で、あわせて三千九百九十六人という(『虫付損害書留』)。

A　大量の死者と患者だね。家持、店借《たながり》の者、下人下女の三つの区分がされている。

B　大田南畝《おおたなんぽ》の『一話一言』は、大坂三郷《さんごう》の患者は約三十三万千四百十五人と記している。**大坂三郷《さんごう》の明暦元年の地図**(図㊿)を掲げたが、当時はこれよりも町地の開発が進み、町屋が密集していた。

A　大坂城の南に武家地と寺社地があり、西に船場《せんば》の町地が広がっている。

B　『虫付損害書留』によれば、堺市中の患者について、総計で三百二十一人、全癒が百六十、死亡が五十人だ。摂津の東成《ひがしなり》・西成《にしなり》郡、河内の茨田《まんだ》郡諸村の総計は、現在患者が百七十六人、全癒が百十六人、死亡が三十七人となる。

A　このように明確な数字がわかるのは、吉宗政権が全国の人口を把握するようになり、人民の把握を素早く行うようになったからだろう。江戸については、『柳営年表秘録』が、七月からほとんどが罹って、出仕した幕臣はわずか三十四人、往来者も一両人に過ぎなかったと記し、『武江年表』は、七月十三、十四日に大路の往来が絶え、藁で疫神の形を作り、送るといい、鉦《かね》・太鼓を鳴らし、囃《はや》しつつ海に送ったという。

B　江戸だけでなく、海内均《ひと》しく憂い、老幼で逃れた者は、百人中一、二人に過ぎず、古《いにしえ》より未曾《みぞう》有であった、という。

A　飢饉・疫病への対策はどうなの。

B　幕府は、勘定吟味役の神谷久敬《ひさかた》ら勘定所の役人を被災地に派遣して調査させ、島津・細川・浅野《あさの》・毛利《もうり》・池田《いけだ》・山内《やまのうち》・有馬《ありま》・立花《たちばな》・宗《そう》(対馬領主)など西国の諸大名に対し、各一万両規模の拝借金を貸与、幕領には夫食《ぶじき》米を支給、種籾や牛馬代を貸与し、富裕者に窮民の救済を促すなど、飢饉・疫病対策をとった。

A　疫病に苦しむ患者への対応は。

B　享保十八年十二月に「時疫(流行病)流行候節、この薬を用ひて煩いをのがるべし」という触を出し、薬を渡している。「大粒の黒大豆をよく炒りて壱合、かんぞう壱匁、水にて煎じ出し、時々呑みてよ

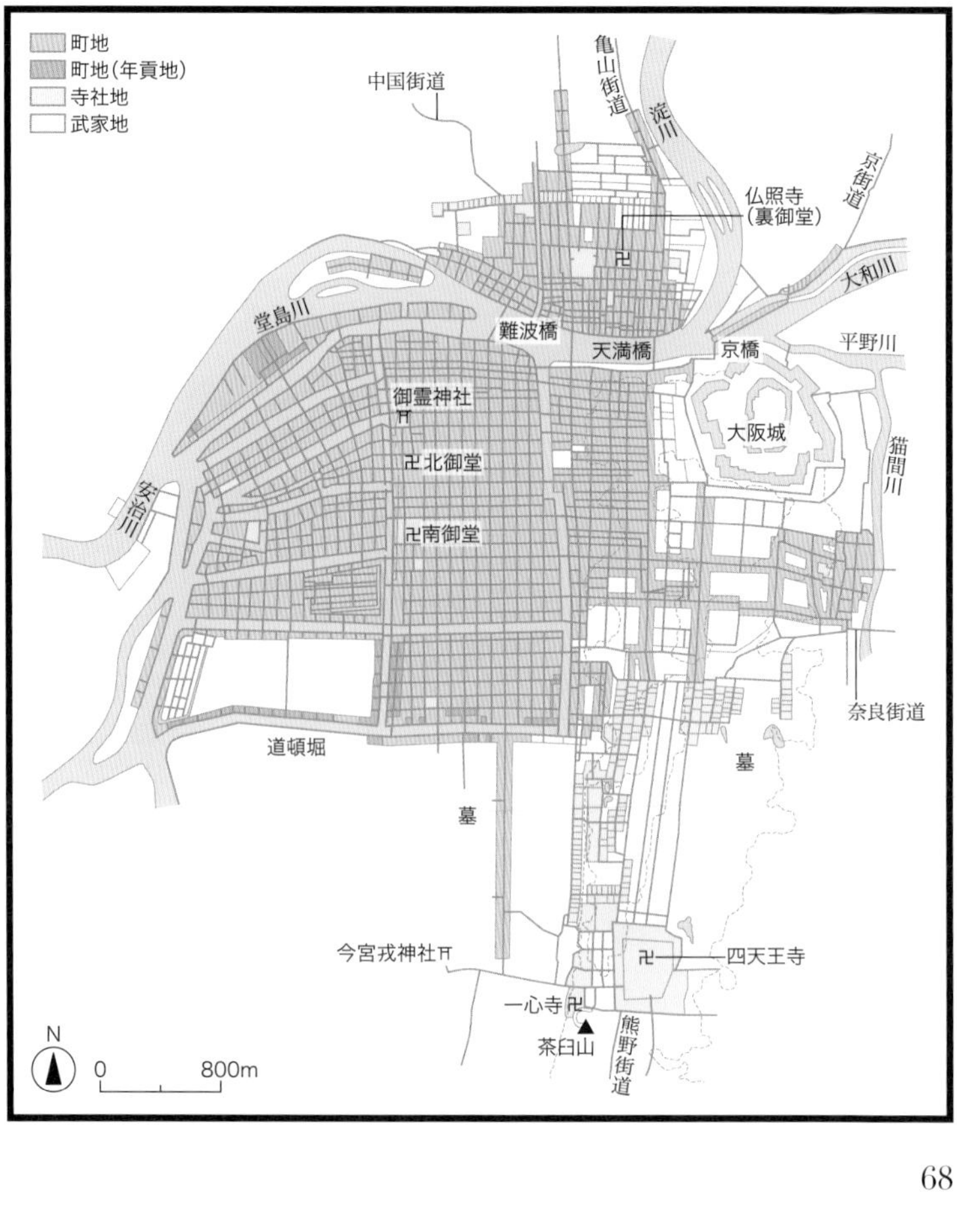

図㊿大坂三郷の明暦元年の地図

し」とあるほか、茗荷《みょうが》の根と葉、牛蒡《ごぼう》、芭《ば》蕉《しょう》の根の用法などを記し、典拠をも記す。続いての触れについては、読んでよ。

A 「一切の食物の毒にあたり、又いろいろの草、木の子、魚、鳥、獣など喰い煩いをのがるべし」と、毒あたりの苦しみの対処法を記している。炒った塩をなめる、ぬる湯にかきまぜて飲む、胸が苦しい時には苦参《くじん》をせんじて飲む、大麦の粉を香ばしくいる、鼻から血が出た時には、葱《ねぎ》を刻んで水に煎《せん》じる。赤小豆の黒焼きの粉を蛤一つ水に入れて飲む、キノコを喰ってあたった時は、「にんどう」の茎葉ともに生で噛み、汁で飲むといったもので、その典拠をも記している。

この処方は、奥医師の望月三英《もちづきさんえい》と丹羽《にわ》正《しょう》伯《はく》が、『医握』『肘後備急方』『孫真人食忌』『農政全書』『本草綱目』『衛生易簡方』『千金方』『夷堅志』などの本草書や医書から書き抜いたものという。

B これらの薬物にどんな作用があるのか、調べると、茗荷は、きのこ中毒や吐血、腹痛に効く、牛蒡には新陳代謝促進、血液循環促進によいという。桑の葉は、強い殺菌作用があり、芭蕉の根は利尿剤として腎臓病に用いられ、胃痛や神経痛などに効き、苦参は山野に自生するマメ科の植物で、健胃、消炎解熱によいという。ネギは止血作用のほか解熱・利尿に効き、「にんどう」はスイカズラの茎で浄血、利尿、解熱によいとされる。

A 僕が幼い時、腎臓病になったが、何かの葉を煎じて飲んだ覚えがある。それは芭蕉の根ではなかったような気がするが、何だったのかな。

町と村の疫病

A 戦国期から享保年間までは、疫病の流行が少なかったのに、享保十八年に大規模な流行が起きたのは何故だろうか。

B 天下泰平で江戸・京都・大坂の三都が豊かになり、諸藩の城下町や村の所帯が定まり疫病も局地的、季節性となっていたのが、江戸・京都・大坂の三都間の流通が拡大、参勤交代で江戸と各地を結ぶ交通が盛んになって、西廻り・東廻りの海上交通も整ったので、疫病が急速に広がるようになった、と見られる。

A 飢饉の影響もすぐに大坂から江戸に伝わって米価が高騰し、打ちこわしが起きている。この時に打ちこわしを目撃した富士講の食行身禄《じきぎょうみろく》は、役人の行動に憤激、以後、富士講が広がるようになった。また、飢饉の備蓄用に青木昆陽《あおきこんよう》が下総幕張《まくはり》で薩摩芋を育てている。

B 享保二十年（一七三五）、西国で疫病が流行し、犬が多く死亡、延享《えんきょう》元年（一七四四）にも犬が多く亡くなり、六月に西国の「はやり風」が京に伝わって人が通らなくなった。

A 江戸でも風邪が流行、「町々にて風の神送りと申し、屋台ヶ間敷事拵え、提灯を灯し、川え流し候」ことは「不埒の至り」という町触が出された。江戸の疫神送りは、屋台を造って川に流すようになった。延享四年には諸国で疫病と風疾が流行し、江戸では幕府出仕の者に湯薬を与えている。

B 下総富里《とみさと》久能《くのう》村では「久能村講中」が宝暦《ほうれき》元年（一七五一）一月十五日に妙正《みょうしょう》大明神の石祠《いしほこら》を立てて祀っている。宝暦三年の『妙正大明神縁起』に見える疱瘡神は高さ三十三センチの石祠で、日蓮宗の信仰「講」により立てられた。

石造物が神として祀られたんだ。宝暦三年（一七五三）の四月から五月にかけて諸国で麻疹が流行、秋には蝦夷地にまで麻疹が流行し死者が多かった。麻疹はあっという間に全国をかけめぐったが、この時期、蝦夷地と本州《ほんしゅう》は一つに結ばれていた。ロシア南下が伝わったのは、少し前の元文《げんぶん》四年（一七三九）のこと。

A この頃の蝦夷地を描いたのが『**江差松前屏風**』（**図51**）で、近江商人恵比寿屋岡田弥三郎が描かせたと言われるもので、右隻が江差、左隻が松前《えさし》の図となっている。

図51『江差松前屏風』。北海道博物館蔵

蝦夷地が開かれたといっても、ここは松前藩領だがね。

B 宝暦八年に田沼《たぬま》意《おき》次《つぐ》が台頭、田沼時代が到来して、町や村の世界が開かれ、蝦夷地の世界も開かれるようになり、近江商人が進出し、蝦夷地では場所請負制による取引が行われるようになった。

A 宝暦十年（一七六〇）頃の川柳に「角大師行水の内に横になり」がある。行水する女が覗《のぞ》かれるのを防ぐために角大師を貼っていたという。

B 宝暦年間、若狭小浜の組屋《くみや》六郎左衛門家の記録には神の事が記されている（『拾椎雑話』）。永禄年中に組屋の手船が北国から下って来た時、便船にして来た老人が止宿した宿を出る時、「我は疱瘡神也、この度の恩謝に組屋六郎左衛門とだに聞かば、疱瘡やすく守るべし」と言って去ったという。図に掲げたのは、**組屋の疱瘡守札**（**図52**）で、疱瘡神の御神影とあって疱瘡神が描かれている。この信仰は各地に広がり、組屋は、その姿を写し留めて、寛延《かんえん》年中（一七四〇年代末）に京や大坂で開帳している。

図52組屋の疱瘡守札『図集日本都市史』東京大学出版会より

A 宝暦十三年（一七六三）に江戸で大疫があり、汗、熱、渇き、小便頻《しき》り、淋通、頭がくらくらなどの症状から「五苓散」を煎じて与え、人を救ったという（『救瘟袖暦』）。明和《めいわ》二年（一七六五）に幕府奥医師の多紀《たき》安《やす》元《もと》の請願で、幕府は、医員の子弟や江戸市中の医者の専門教育機関として神田佐久間《さくま》町に「躋寿館《せいじゅかん》」（後の医学館《いがくかん》）を設立し、二月から五月までの百日間、医学教育を行い、『本草』『霊枢』など六部の医書の講釈と会読を行ない、経絡《けいらく》や穴処《つぼどころ》取りの技術を身に付けさせた。**図53**は**医学館の平面図**である。

B 本格的な医学教育は幕末になってからと思っていたのだが、もう始まっていたんだ。

明和の疫病と天明の飢饉

A　明和六年（一七六九）正月から三月まで京畿諸国で疫病が流行し、八月から十月にかけて江戸でも流行、貴賤煩わざる者なく、「大家」は、湯薬を手桶で運搬して下部に給与した。このことを記す『武江年表』は、その十月十二日に甘藷《かんしょ》先生青木昆陽が亡くなったと記すが、この疫病によるのだろうか。

B　明和七年、疫疾流行して人が多く亡くなり、安永《あんえい》元年（一七七二）には四月から五月に諸国で疫癘があり、同二年四月に讃岐で大疫があった。

A　江戸では三月から五月まで十九万人が疫死したが、おおかたは「中人」以下であり、品川新宿《しんじゅく》では八百人が亡くなった。六月には尾張中将徳川宗睦《むねちか》が煩って、「御屋敷へ町から移る疫病は　始め中間おわり中将」と謡われた。伊達《だて》家領気仙《けせん》郡でも流行し、塩竈《しおがま》社で祈禱が行われ、神符が分かち与えられたという。

B　明和年間は災害が多発して物価高から「年号は安く永く変れども　諸色高くて今に明和九」という落首が詠まれ、安永と改元されたが、疫病は流行し、特に蝦夷地では著しかった。安永四年（一七七五）に津軽・陸奥で疫病が流行し、同五年には正月から京・畿内で「風疫」が流行、大坂では「風の神送り」をするなど所々で疫神を送った。

A　大坂でも疫神送りが行われるようになったんだ。

B　四月から六月にかけ京・大坂・江戸、そして諸国に麻疹が流行し、人が多く亡くなり、蝦夷地にまで流行した。安永八、九年の夏に蝦夷地で痘疹《とうしん》が流行、九年には風《ふう》疹《しん》が流行した。天明《てんめい》元年（一七八一）九月から十月にかけて風疹が流行し、天明三年十月から陸奥・津軽の飢饉にともなって疫病が流行した。弘前西浜《ひろさきにしはま》の上在は殊に甚だしく、鰺ヶ沢《あじがさわ》荒《あら》町では餓死二十人、疫死三十人、木造《きづくり》辺下では飢餓に陥らざる者なく、疫癘で命を失った。その調査によれば疫死は三万人に及んだという。

A　飢饉にともなう疫病だけれど、凄まじいね。弘前藩では、天明三年から四年六月までに餓死者が八万人、藩の人口の三分の一、盛岡《もりおか》藩では天明四年に六万四千人余りと藩の人口の四分の一に及び、八戸《はちのへ》藩では天明三年から四年までに三万人以上という。

B　津軽を旅行した伊勢出身の医師は、秋田から津軽に入ってから、道の脇に白骨の散乱を見て、京都で聞いた飢饉の惨状よりも百倍も凄まじいと『東西遊記』に記し、三河の菅江真澄《すがえますみ》は津軽に入ったところ、白《しら》沢《さわ》村が天明三年（一七八三）からの飢饉で壊滅状態となり、訪れた時の家数は四、五軒に過ぎなかったという（『ゆきのもろたき』）。

A　幕府は天明五年六月に米価が高く疫病が流行するため、東海《とうかい》道・中仙《なかせん》道の宿駅の人馬の路銀を割り増しにするが、田沼政権は特に有効な対策をとらなかった。

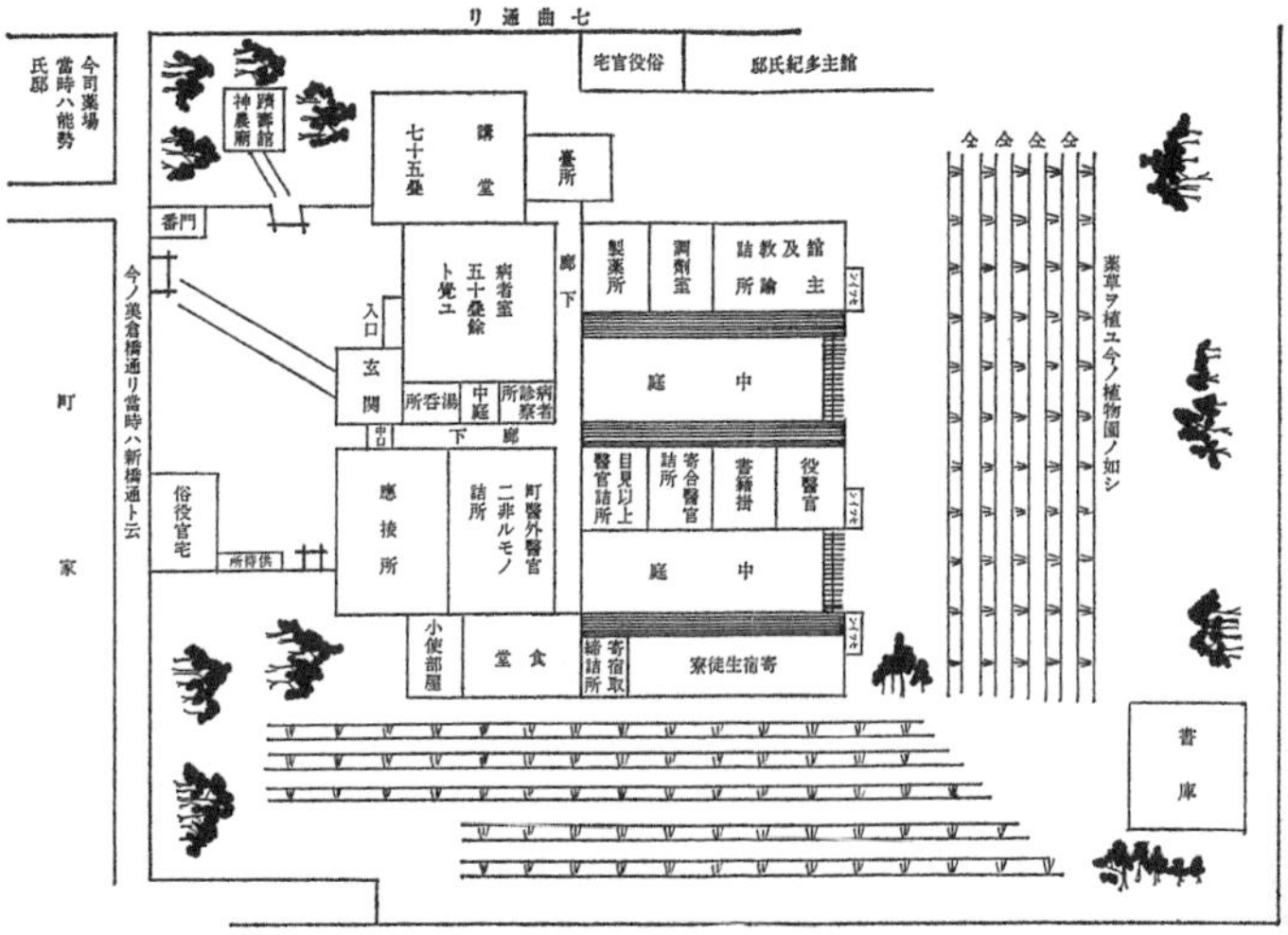

図53医学館の平面図『日本医療史』新村拓編、吉川弘文館より

七　近世後期の疫病

寛政の疫病

A　大田南畝の『半日閑話』は、江戸本八《ほんはっ》丁堀《ちょうぼり》で釣船を営む清次《せいじ》が、六尺余りの怪しげな男に乞《こ》われたので、一匹のキスをさしだすと、我は疫神で正直者である。そなたが家内や親類に、釣船清次と我が名を書き記し置いたなら、その家には参らぬ、と語ったという話を記す。

B　寛政《かんせい》二年（一七九〇）五月、釣舟業を営む高橋清次が漁に赴くと、異形《いぎょう》の神体が海面に現れ、悪疫伝染を平癒する法を教えられ、釣舟神社を建てたという由来につながる話だね（『京橋区史』）。

A　寛政二年に薩摩の入来町浦之名《いりきちょううらのみょう》で疱瘡《ほうそう》踊りが行われた。紫の頭巾に黒紋付きの女たちが踊り、先頭を伊勢の皇大神宮《こうたいじんぐう》の神を表す大きな幣を担ぐ者がゆき、何列かの縦隊をなし、正面を向いて「めでたい、めでたい」の掛け声で踊って、疱瘡神を歓待し、神には満足して帰ってもらう踊りだ。

B　伊勢の神は中世後期から流行神とされていたが、近世にも継続していた。

A　薩摩の他の地域では、庭に幔幕《まんまく》をめぐらし大臼《うす》をすえて数十人の男女が、囃《はや》しながら餅をつき、赤色の御幣で飾った神棚に供える祭を行っており、供える疱瘡餅を惜しんだり、餅つきの時に賑《にぎ》やかにさわがなかったりすると、病人は死亡するといわれた。

B　寛政五年に長崎奉行は、前年の西国・中国の飢饉での「時疫」のため、予防薬方を町民に配っている。長崎は疫病の流入元であって、特に予防を行ったのであろう。

A　その長崎に赴いた俳人の一茶《いっさ》は「灯ちらちら疱瘡小屋の吹雪かな」の句をつくっており、疫病は俳句にも詠まれるようになった。一茶らしい。

B　疱瘡小屋は大村《おおむら》藩が建てたもの。

A　水戸《みと》の漢方医の原南陽《はらなんよう》の『叢桂偶記』は、疱瘡が天明年間に八丈島《はちじょう》樫立《かしたて》村で、寛政五年に島全体六千五十人のうち千五百四十三人が罹《かか》り、山に千五百四十三人が逃げたという。流人の島である八丈島にまで疱瘡が広がるようになった。武蔵本牧《ほんもく》の「芋大明神」の池の水を取り、小児に浴びせると疱瘡が軽くすむ、と医者まで言うので、江戸からこの水を貰《もら》いにくるという（『耳袋』）。

B　寛政七年（一七九五）初夏に痘瘡《とうそう》が流行すると、米沢《よねざわ》藩の藩主の上杉治憲《はるのり》（鷹山《ようざん》）は、家臣に、家に疱瘡・麻疹・水痘の人がいれば、出仕を遠慮するよう命じてたのを改めて、遠慮に及ばないとし、広く生活困窮者が申し出れば手当を出し、医者への謝礼は不要とした。「薬剤方」「禁忌物」に関する心得書を刊行して、遠方の山間部の人々にまで配布した。鷹山は「文学之事は

図54書物問屋などの江戸市中の広がり

治国の根元」という考えから藩校の興譲館《こうじょうかん》を創設したように、藩国家の国家像があっての疫病対策で、「御国民療治」の方針から、「国民」に必要な療治を受けさせる対策を講じた。

A　でも感染者は多く出てしまったというが。

B　代官からの届出によれば、七千三百四十三人のうち九百十九人が死亡、奉行所からの届出では千四十六人のうち百四十五人が死亡、合計八千三百八十九人に死者が千六十四人となった（『三重年表』）。それを悔やみ「痘瘡流行、国民夭折につき、年始の御儀式を略殺」している。

A　享和《きょうわ》三年（一八〇三）三月から天下に麻疹が流行し、関東、鎮西、南国、北国、春秋の間、たいてい一時に流行したという（『武江年表』）。

B　大坂の山片蟠桃《やまがたばんとう》『夢の代《しろ》』は「春、二・三月頃より、麻疹流行すと云々。今この麻疹、死に至るものは十人に一人のみ」と記し、『至享文記』は、大坂では薬とともに果物が三十五文、蜜柑《みかん》が十六文、きんかんが四十八文、橙《だいだい》が二十文に値上がりし、街道沿いの茶屋や旅籠《はたご》は皆店を閉めたという。

A　薬価だけでなく食品も値あがりすると

は、いかにも商いの都市・大坂らしい。

B　小川顕道《おがわあきみち》の『塵塚談』は、四月から麻瘡で診た病人は、七月朔日《ついたち》まで他家の病人百二十三人、親族家僕が十九人、養生所病人九十六人、すべて二百三十八人という。大槻玄沢《おおつきげんたく》の『麻疹啓廸《けいてき》』は、長崎で二月初めに流行し、四月に大坂や京で流行した、と医生から聞き、江戸では三月末から四、五月に流行、六月に収まったが、「四月末よりは北漸す」と、北へと向かったという。

A　この時の一茶の句が「よき袷はしか前とは見ゆる也」である。

B　この時期から多くの本が出版されたが、どのくらいあるの。

A　出版していたのは幕府公認の暦《こよみ》問屋、草紙類制作・販売・卸の地本《じほん》問屋、摺物《すりもの》制作の板木《はんぎ》屋、読本《よみほん》の企画も行う貸本屋などで、民衆が主に利用したのは貸本屋だった。図54のように江戸市中に広がっていた。

B　貸本屋や板木屋は組合をつくっていたのだが、それにしても多いなあ。

図55『熈代勝覧』日本橋と魚市場。©bpk/Museum für Asiatische Kunst,SMB/Jürgen Liepe/amanaimages

図56『熈代勝覧』書物問屋界隈。©bpk/Museum für Asiatische Kunst,SMB/Jürgen Liepe/amanaimages

文化の時代相と疫病

A 文化《ぶんか》元年（一八〇四）十月に甲州の甲府《こうふ》代官所は、北巨摩《きたこま》郡の谷《や》戸《と》村の疫神にあて、「普天の下、率土の浜、聖王の民に有らざることなし。汝疫神、謹んで去らざれば、牛頭天王に奏し、王兵を以て征罰の御沙汰に及ぶべきなり」という疫神退散の差紙を出している。役所が疫神退散の差紙をだすなんて、おもしろいね。

B それだけ疫病対策に役所が取り組んでいたことがわかる。

A 寛政・文化年間は著しい疫病の流行は認められないが、この江戸の賑わいを描くのが、「寛政の改革」を推進した松平定信の企画になる**『熙代勝覧《きだいしょうらん》』**（**図55・56**）である。縦が四十三・七センチ、横が十二メートル三十二・二センチの長大な絵巻で、神田の今川《いまがわ》橋から日本橋《にほんばし》川に架かる日本橋までの南北約七町（七百六十四メートル）の通町を俯瞰《ふかん》して描いている。

B 日本橋と魚市場では多くの人が賑わい、出雲寺の書肆《しょし》では「大平武漢」などの札が下がる。武士とその従者、店舗や町屋出入りの人々、商人・職人、振売《ふりうり》・読売《よみうり》など、買い物客、肉体労働者、按摩《あんま》、虚無僧、辻《つじ》占《うら》、芸能者、身体障害者、神職・僧侶《そうりょ》、六十六部《ろくじゅうろくぶ》・勧進僧などの宗教者、手習所に通う子などさまざまだ。

A 文化五年に流行《はや》った風邪は「ネンコロ風」と呼ばれ（『兎園小説』）、同八年の風邪

図57『ロシア使節レザノフ来航絵巻』の長崎港の風景。東京大学史料編纂所蔵

では「風鬼を造り、これを街外に送り、邪気の掩滞を漏らす」ことがあった（『枳園小説』）。

B　一茶の『七番日記』は、文化十年（一八一三）頃の俳句に「疱瘡のさんだらぼしへ蛙哉」がある。「さんだらぼし」とは桟俵と書き、米俵の両端にあてがう円《まる》い藁《わら》蓋《ぶた》で、疱瘡が癒えるころ、桟俵に赤い御幣を立て供物を載せて川に流し、疱瘡神を送り出す。ほかにも「いも神のサンダラホウシに蛙哉」という文化十五年頃の疱瘡見舞いの句があり、さらに疱瘡神を詠んだと思われる「蚤も追わせて流しけり」という句がある。

A　一茶は家からの視線で俳句を詠んでおり、こうした句を多くつくったんだ。

B　文化十一年（一八一四）の『街談文々集要』は、この年に世界が七分通り死亡する故、これから逃れるためには「再正月を祭る」のがよい、との流言から、半分以上の人が再正月を祭ったという。

A　武州《ぶしゅう》川越の庚申塚《こうしんづか》の猿は、この年に疫病が流行るとささやいたが、その翌年の初夏から八月にかけ、江戸で疫癘《えいれい》が流行、多くの人が亡くなっている（『武江年表』）。面白い流言・予言が広がったのは、社会が大きく変化したからだろう。

B　そう、文化十三年の『世事見聞録』は、近頃の風俗は「人情狂ひ行状みだれ、道理隠れ、猥りに損益の争ひ強く、悉く貧富の偏ること大方ならず、多く強きと賢きとが勝り、弱きと愚かなるが犯さるる」風情である、と記し、遊楽の世界に耽《ふけ》る人々と世相を描いた。

A　町人の世界が大きく変わっていた。その文化十三年にも江戸で疫癘が流行したが（『武江年表』）、この時の症状は「初め起速に少陽を犯して、熱勢熾盛に、日ならずして精神昏憒するに至る。たいてい大小柴胡黄連解毒の類の擬すべき者多し」とあり、この年以降は総じてこうした症状であったという（多紀元堅『時還読我書』）。翌年には長崎で疫病により人が多く死亡している。

B　掲げた図は『**ロシア使節レザノフ来航絵巻**』の長崎港の風景（**図57**）で、多くの船が停泊している。疫病は長崎から入り日常的に流行していたことになる。

文政のコロリと疫病

B　文政《ぶんせい》二年（一八一九）にも諸国で風疾が流行し、江戸では五月から八月頃まで大い

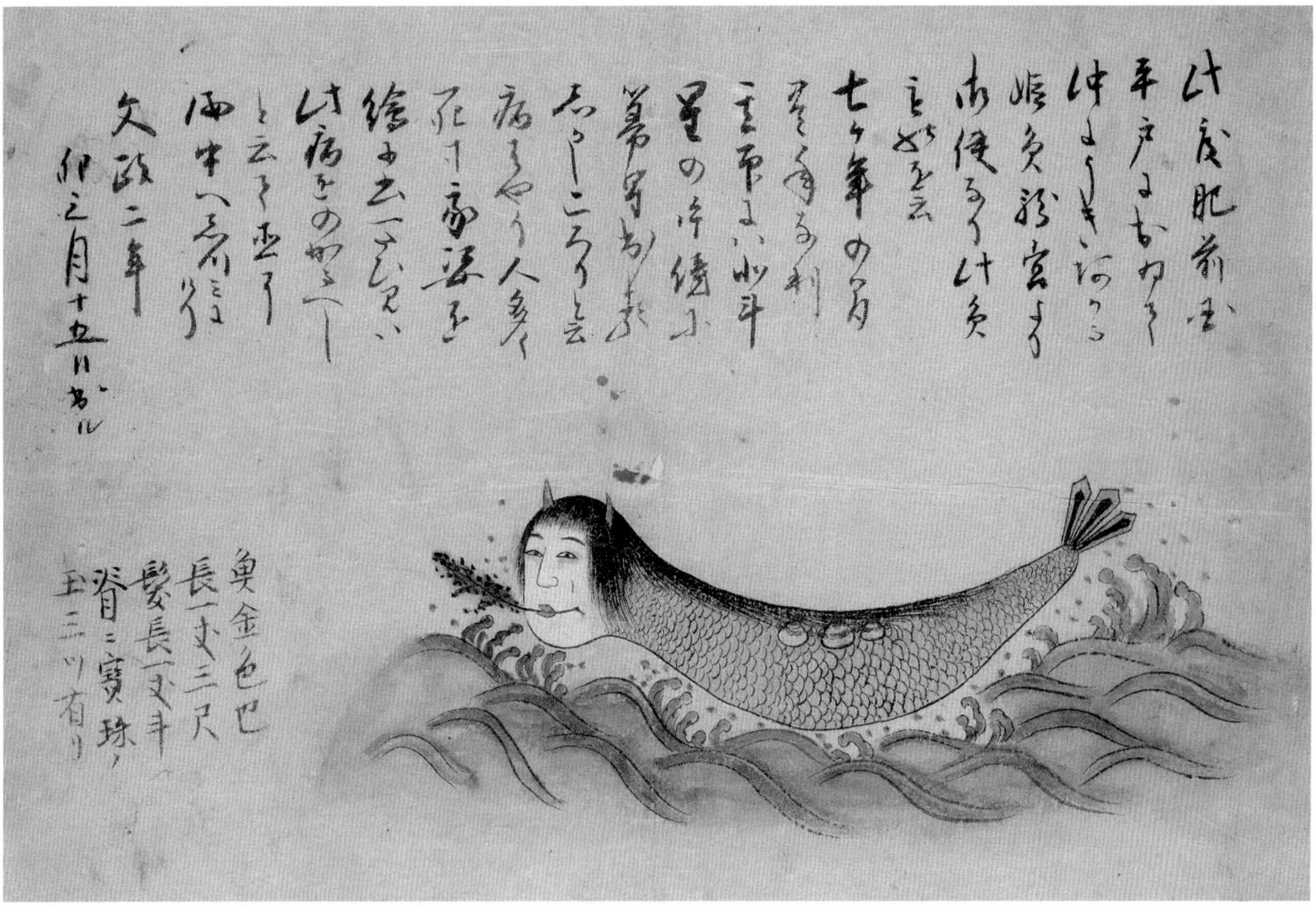

図58姫魚図。国立歴史民俗博物館蔵

に痢疾があって、「コロリ」といわれたが、これを避ける守りとして狩野《かのう》探幽《たんゆう》の戯画の百鬼夜行のうちの「ぬれ女」の図を写し、神社姫と号して、流布し尊んだ（『武江年表』）。

A　この神社姫を描いているのが、「肥前国平戸において姫魚龍宮より御使なり」という**姫魚図**（**図58**）であって、角を生やした金色の魚の姿に背に宝珠があり、髪は長いんだ。

B　文政三年には、疫病の神が愛宕下田村小路の仁賀保大膳の屋敷に入り、見咎《みとが》められて殺されそうになったので、詫《わ》びを入れる証文を書いたという（『竹子』）。これを貼っておけば、疫病に罹らない、とされた。ほかにも古代の長徳五年（九九九）の日付で、疱瘡神五名が連名したものがあり、詫び証文とは面白いね。

A　文政四年も二月から風邪が流行し、『時還読我書』はその症状を詳しく解説、文化十三年の時と比較するに重くはなかったという。曲亭馬琴《きょくていばきん》の『曲亭筆記』は、京・摂津から、東は安房《あわ》・上総、西南は甲斐・伊豆、北は信濃《しなの》・越後まで流行した、と記しており、日本列島の中央部に流行した。

B　文政五年の疫病は「浪花に三日ころり」と称する病が流行したが、これは鎮西で発生し九州では多くなかったが、中国に至って安芸では特に著しくなって浪花《なにわ》に及び、京に至ったという（『時還読我書』）。

A 『虎列刺病流行記事』は「虎列刺病始めて本邦に流行し、先づ本島の西部山陰・山陽の二道に発し、伝播の速なる僅かに一月を経て、既に畿内に蔓延し、病勢甚だ猛烈にして、毎戸殆どその惨毒を蒙らざるはなく、挙家一人を余さずして悉く死したるものなり」と記している。

B 大槻玄沢は、朝鮮より発して対馬で大流行、「三日コロリ」と言われ、長州下関《ちょうしゅうしものせき》を経て大坂まで攻め登り、朝鮮では死者が四万、長州萩《はぎ》では五百八十三人、岸和田《きしわだ》城下では百三十四人、と語っている。

A 玄沢と言えば、蘭学塾の芝蘭堂《しらんどう》を開き、蘭学の入門書『蘭学階梯』を著し、多くの弟子を育てた蘭方医だったね。

B 文政七年にも麻疹の流行があった。前年に「西国で麻疹の流行があり、江戸でも芝辺で流行」し、今年になって江戸中に蔓《まん》延《えん》したが、三月に止んだという。山下玄門《やましたげんもん》の『痘疹一家言』には「諸国共に転進にして流行に定則なし」とあり、葛飾蘆庵《かつしかろあん》の『麻疹必用』に、麻疹の後の「余毒」（後遺症）について、頭痛や頸部《けいぶ》のリンパ節に腫物ができ、手足かなわず、腰の周りに悪瘡ができ、後々まで障害を負う人も出た、と記している。

A 乍昔堂花守《させきどうはなもり》の小説**『麻疹譫語《せんご》』の挿絵（図㊾）**には、薬屋の店頭に「麻疹の大妙薬」「升麻葛根湯」の看板が掲げられている。

B 文政十年五月に江戸で風邪が流行、疫症に変じて死に至る者が少なくなく、この

図㊾『麻疹譫語』。国文学研究資料館蔵

流行風は「津軽風」と称されたが、これは津軽の殿様が「御大礼」に輿に乗って叱責《しっせき》されたことからという（『甲子夜話』）。

A 文政十二年六月の大風の後、赤痢と称し、人々の五身が赤く、二、三日して狂い死にするものが多くなり、男子の中には赤裸になって市中を走り亡くなった者もいたという（『夕話』）。文政十三年（一八三〇）のお蔭《かげ》踊りは、三月に阿波《あわ》徳島の手習屋に学ぶ子どもから始まって、人々が「お蔭踊りは悪魔をはらう。踊らざる者は一族厄病に死し、またはその家族失せぬなし」という掛声をかけ、伊勢神宮をめざしたという。

B え、そう？　お蔭参りについて調べた時、慶安三年（一六五〇）、宝永二年（一七〇五）、明和八年（一七七一）にあったが、そんな掛声は知らなかった。やはり、お蔭参りには、流行病攘災《じょうさい》祈願の目的があったんだ。

天保の飢饉と疫病

A 『時還読我書』によれば、天保《てんぽう》元年（一八三〇）四月から六、七月にかけ「時疫」があり、患者が多く、熱が甚だしく、脈激しく、大便下痢し、舌の上に苔《こけ》なく水を欲

し、赤斑を発したが、清熱涼血剤が効いた。だが、熱がひき、爽快になるには日を要し、軽症でも一月、重い時は二、三月を要したといい、同二年三月には、感冒《かんぼう》が流行、三年四月には南伊勢で霍乱《かくらん》があり、その症状は急激で「大吐第瀉」であったという。相変わらず『時還読我書』は症状や情報に詳しい。

B　著者の多紀元堅は幕府の医官で、医学館の講書となり、奥医師として将軍を診察するかたわら、父元簡《もとやす》の考証学の学風を継ぎ、医書の収集、校訂、復刻につとめていたから詳しい。

A　天保三年には、感冒が九月下旬から西国に始まり、十月には江戸で流行り、奥羽《おうう》には十月下旬に至る、僅か二ヶ月に満たず、列島を駆けめぐり、衆人同じ病に罹ったのは「邪もまた霊怪なるかな」であったと記す（『時還読我書』）。

B　江戸では御救米《おすくいまい》が出され、この年に琉《りゅう》球《きゅう》人が来朝したので「琉球風」と称されているが（『救荒便覧』）、面白いネーミングだろう。

A　中世には牛の病、銭の病があったが、近世にはこれまでにも、安永五年（一七七六）の風邪は、白木屋《しろきや》お駒《こま》を素材とした浄瑠璃《じょうるり》がはやって「お駒風」、天明四年（一七八四）の風邪は、相撲の谷風《たにかぜ》が無双の力でこれに勝つ者がいなかったので、「谷風」と称され、享和二年（一八〇二）の風邪は、八百屋《やおや》お七《しち》の小唄がはやって「お七風」と称された。

B　天保六年（一八三五）以来、津軽では疫病が流行し、津軽岩木《いわき》山の百沢《ひゃくたく》寺の僧が疫神退散の呪法を行い、三月には津軽三千坊の法主の大行院《だいぎょういん》以下三千余りが、「火生三昧の法」を修し、疫神二柱（男女の形の木像）をつくって疫神送りをしている。疫神は弘前から青森に送られ、修験《しゅげん》が舟を仕立てて遥《はる》か沖に行き、二神を送った（『天保凶荒録』）。

A　この村送りの習俗だが、東国の各地では、藁の大きな人形を村堺に立てて行なっている。人形は地域ごとに大人形・鍾馗・鹿島・ドンジン等と呼ばれ、道祖神ともされた。奥州和賀《わが》郡白木野《しらきの》では正月十九日の人形送りに、藁でヤクバライニンギョウをつくって、村境の高木にくくりつけた。常陸太田《おおた》の七月十日の行事は、家ごとに藁で侍の姿をしたオオスケニンギョウをつくり、村境まで持っていって燃やした。信州大岡《おおおか》芦《あし》ノ尻《しり》には、藁製の大人形の名残をとどめる道祖神がある。

B　大坂で元与力《よりき》の大塩平八郎《おおしおへいはちろう》が兵をおこした天保七年の十二月、江戸で瓦版が出されれた。丹波の倉橋《くらはし》山の山中から「件《くだん》」という獣が出現したが、その件の字は「人偏に牛と書いて件」と読み、この絵図を貼っておけば「家内はんじょうして厄病をうけず」とあり、人面牛の絵を描いている（図⑥⑩）。

A　大塩の乱も、瓦版も、飢饉・疫病の影響によるのであろうが、牛を祭ったことで思い出すのが、古代に土で牛を造って祭っ

図⑥⑩件の図。

たことだ。その時も、「人偏に牛と書いて件」といった風に考えたのだろうか、それとも、牛には何かの呪力があると見られていたのかなあ。牛に角があるのと、関係しているのかもしれない。牛頭天王や元三大師、姫魚など、多くが角を生やしているから。

天保の天然痘

B　この時期、アメリカの商船モリソン号が六月に浦賀《うらが》沖に現れるなど、「内憂外患」ということから、瓦版も多く出され、浮世絵では、美人画、役者絵、風景画を経て、身近な生活に関わる生活画が描かれるようになり、歌舞伎では、世話物が登場し、中国の小説を日本の歴史にあわせて翻案した小説も生まれていた。

A　天保八年は江戸で疫癘が盛んで、春に始まって秋の末には終わるが、貴賤の多くは下痢に悩まされた（『時還読我書』）。

B　翌年には大坂で十月から痘瘡が流行、天保十二年は秋に痢疾、温疫が多かった（『医事雑話』）。

A　浮世絵「**疱瘡・麻疹・水痘**」（図61）は、「お役三病」と称されたこれらの疫病に罹った時の過ごし方を、怒りや悲しみなど感情の起伏を抑え、草双紙《くさぞうし》などを読んで気を紛らかし、退屈しないように、と注意書きしている。

B　これを描いた五雲亭貞秀は、天保七年（一八三六）八月の曲亭馬琴の古希の賀会に参加、役者絵や美人画を得意としていた。その馬琴は、『兎園小説余録』で「はやり歌、はやり詞の流行の年には必ず感冒流行

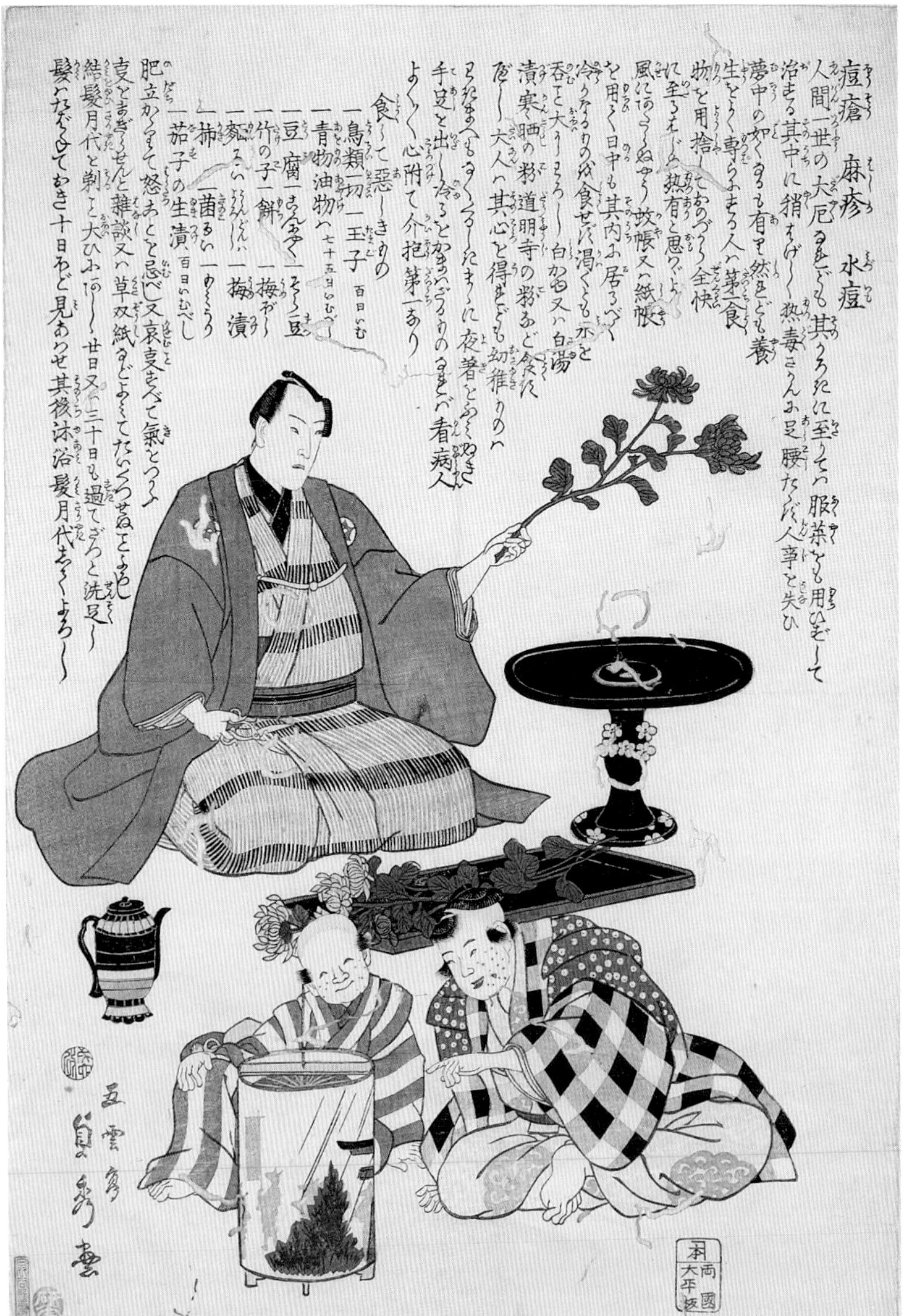

図61浮世絵「疱瘡・麻疹・水痘」。東京都立中央図書館蔵

図62『鎮正八郎　疱瘡神』歌川国芳。東京都立中央図書館蔵

す。安永のお世話風、文化のたんほう風など、当時のはやり詞、はやり歌を苗字」にして、唱えたと記している。

A　馬琴の『椿説弓張月』以来、為朝《ためとも》は流された伊豆諸島で疱瘡が発生しないことから、疱瘡神が為朝に恐れをなしたものと考えられ、家の門口に「為朝の宿」「為朝ここにあり」と書かれた絵を貼るまじないが広まるようになった。天保十四年には一勇《いちゆう》斎国芳《さいくによし》が「**鎮西八郎　疱瘡神**」（**図62**）を描いている。為朝には悪さはしないという約束の手形を差し出す疱瘡神がいて、その後ろには疱瘡よけの達磨《だるま》やミミズクが描かれている。

B　同年三月、下総八街《やちまた》の「女人中」は、天神社の境内に疱瘡神塔を立てたが、それには老婆の姿が刻まれている。多くの疱瘡神は幣束を手にして波間にただよう円座の上に座ったみすぼらしい姿の老人として描かれていた。痘瘡と言えば種痘《しゅとう》のことが思い起こされるが、ジェンナーが発明した天然痘予防の牛痘法（種痘）の情報は、文政六年にシーボルトが長崎に来航して、高野《たかの》長英《ちょうえい》に伝え、それが門人の高橋景作《たかはしけいさく》に伝えられた。シーボルトは各地の医者に西洋医術を教え、手術の実際を見せた。

A　そうか。もう伝わっていたんだ。

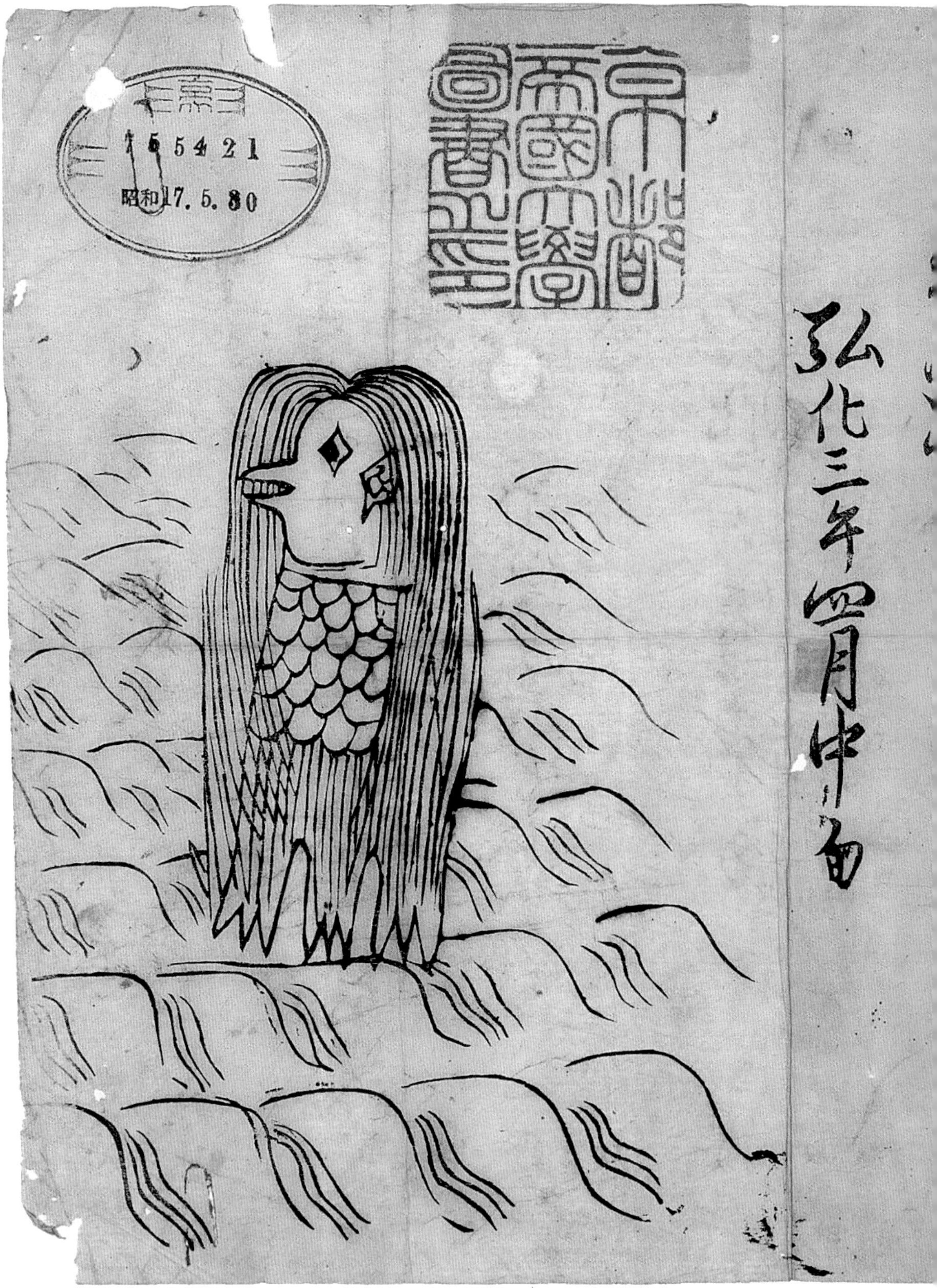

図63『肥後国海中の怪（アマビエの図）』。京都大学附属図書館蔵

B　ジェンナーの牛痘法は一八〇二年にインドに伝播《でんぱ》し、日本では鼻孔に天然痘のかさぶたの粉を吹きこむ中国式種痘法が大村藩で行われ、皮膚を切り膿《うみ》をすりこむトルコ式種痘法を大槻玄沢や本間玄調《ほんまげんちょう》が紹介、ロシアからの帰還漂流民の中川五郎治《なかがわごろうじ》が松前藩領で種痘を行ない、その五郎治のロシアの牛痘書を幕府役人馬場佐十郎《ばばさじゅうろう》が翻訳している。

　天保の幕政改革や西国諸藩の軍事改革など改革の時代となって、弘化《こうか》三年（一八四六）四月、肥後《ひご》の海中から現れた**「アマビエ」（図63）**が、当年より六か年の間、諸国は豊作となるが、病が流行するので早々に我を写して人々に見せるように、と語り、海中に戻ったという瓦版が出た。その絵がこれだ。

A　肥後の海中といえば、有明海《ありあけ》だが、先の人面牛が出現した平戸の海といい、ともに西の境界の地に出現した神だ。疫病が西から広がってくるので、こんな瓦版が出たんだろう。その江戸では、嘉永《かえい》元年（一八四八）の疫病で浅草《あさくさ》の老女が、物もらいの女に出会って、蕎麦《そば》を振る舞ったところ、その女は疫病神と名乗り、疫病を患ったならば、すぐにさんまを食べなさい、本復する、と教えてくれたという（宮川政運『宮川舎漫筆』）。

図64「直正公嗣子淳一郎君種痘之図」。佐賀県医療センター好生館蔵

疫病を「厄神の宿」「鬼の宿」で歓待し、送り出す風習によるもので、厄神を丁重に迎えて送り出す行事は各地で行われていた。

B　高野長英は、シーボルトから牛痘法を伝えられたが、広東のイギリス商館の医師ピアソンは一八〇五年に広東で牛痘種法に成功、それが日本に伝わり、嘉永元年に来日した商館医のモーニッケが、牛痘と牛痘漿《しょう》をもたらし、佐賀藩医の楢林宗建《ならばやしそうけん》が長崎で子に接種を受けさせたところ、善感したので、痘苗が佐賀城下にもたらされ、佐賀藩主の子鍋島《なべしま》淳一郎に接種され（**図64**）、ここにモーニッケ苗が定着した。

A　いよいよ種痘が広がっていったんだ。楢林宗建は嘉永二年（一八四九）に『牛痘小考』を著し、モーニッケは長崎での種痘接種を許可され、長崎の吉雄圭斎《よしおけいさい》の宅の種痘が大村藩の長与俊達《ながよしゅんたつ》、長州藩の青木周弼《あおきしゅうすけ》らに分苗された。さらに痘苗は佐賀藩医伊東玄朴《いとうげんぼく》から江戸に広まり、桑田立斎は蝦夷地に渡って六千四百人のアイヌに種痘を接種した。

八 幕末期の疫病

安政の疫病

A アヘン戦争の衝撃が広く伝わった嘉永三年十二月末から風邪が流行、翌年三月に米価が高く、風邪の流行から、貧困者に御救米の賑給があり、十一月十五日には鷺明神の縁日ということから、堀田原《ほったわら》の池田《いけだ》屋が幇間《ほうかん》や女芸者を連れて練り歩くと、見物者多く総踊りを演じたという（『武江年表』）。疫病神の鷺明神も定着し、縁日ともなれば賑わっていた。

B 安政元年（一八五四）正月から風邪が江戸で大流行し、その前年にペリーが浦賀沖に来航したので「アメリカ風」と称され、葛根湯《かっこんとう》や柴葛解肌湯などで治癒したが（『疫邪流行年譜』）、秋にも傷寒、風邪の病人が多かった（『武江年表』）。

A 安政二年十月上旬、上州高崎《じょうしゅうたかさき》の家に「疫神除符」が届き、その符には「大山祇命」とあり、汚れが清浄になる、と記され、「きし乙」の三字が書かれていたという。

B この**「きし乙」**（**図⑮**）は、安政七年刊の『保古帖』によれば、中国の栗渡の渡し守がこれを授けられて、五人の疫病の神が渡ろうとしたのを退けることができたので、人家の門戸にこれを貼って、禍《わざわい》を逃れた人が少なくなかったという。新羅や中国など異国の神が疫病神とされたのは、古代からのこと。

A 安政四年二月にも江戸では風

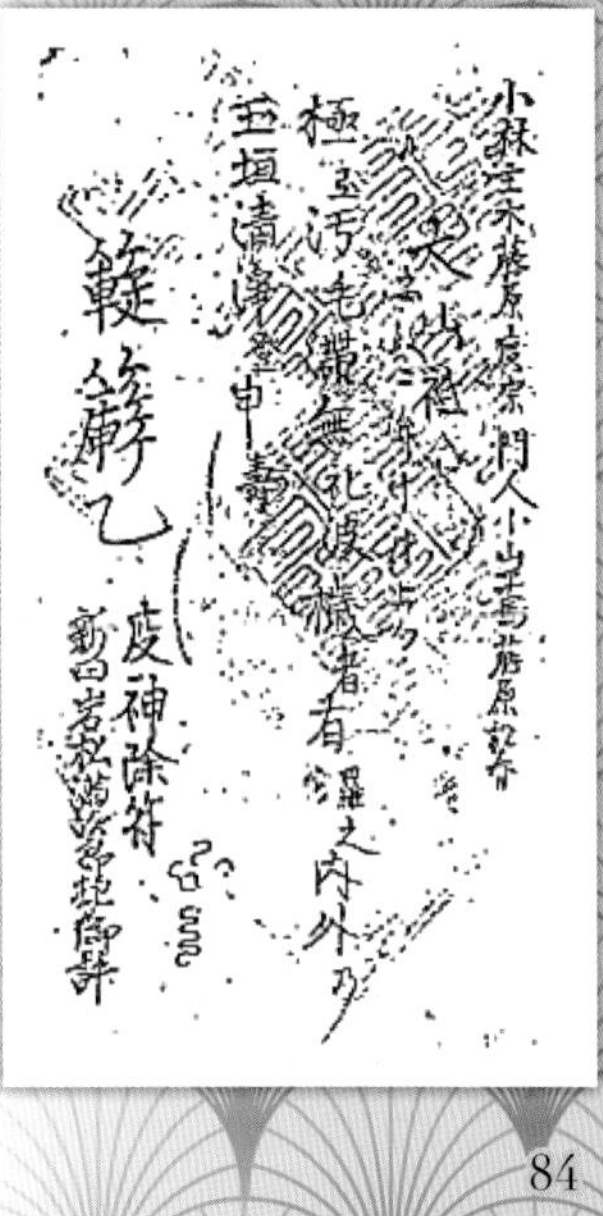
図⑮「きし乙」

図⑯「よげんの鳥」。山梨県立博物館蔵

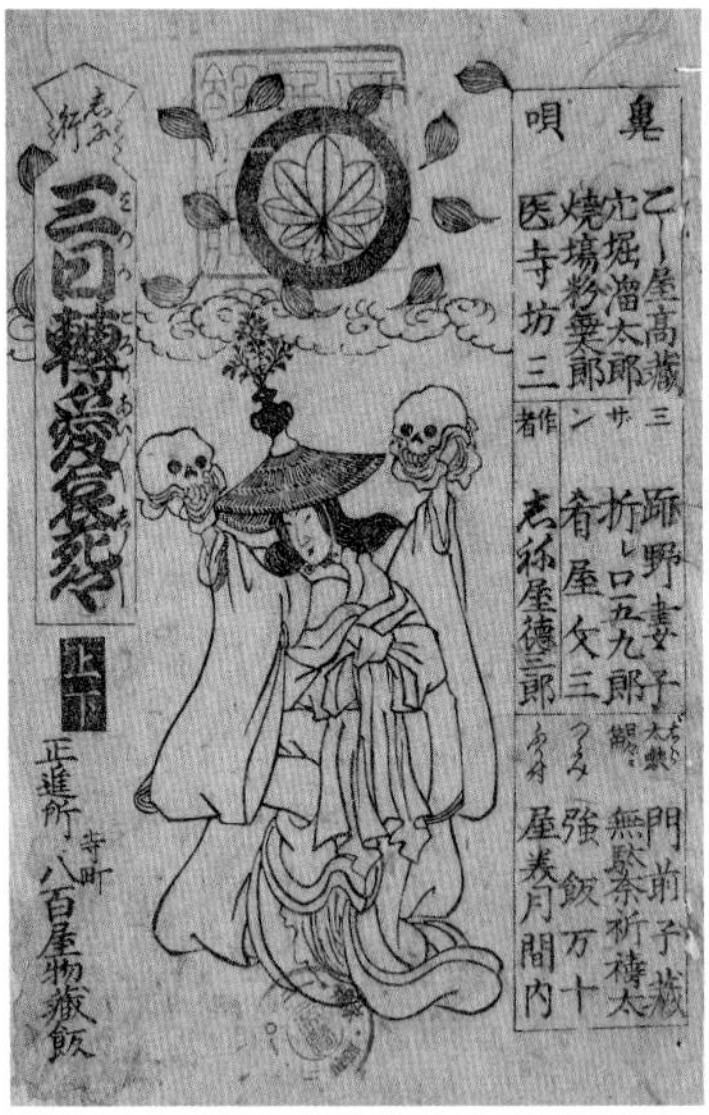
図⑰「三日ころり愛哀死々」。国立国会図書館蔵

邪に病む人が多かったが、五年六月、コロリ病が初めて長崎で発生、その勢いは猛烈で僅かに一月で江戸に伝播《でんぱ》した。そこで斎竹《いみだけ》を立て軒端に注連縄《しめなわ》を張り、軒端に提灯《ちょうちん》を灯《とも》し、路上の小祠《しょうし》を拝み、豆をまき、八つ手の木の葉を軒に吊《つ》るすなどしたが、八月上旬から中旬まで、毎日、死亡者を数えた。

B　京都・大坂では八月に発し、蝦夷及び函館《はこだて》では、七月から始まり、死者は頗《すこぶ》る多かったという(『虎列刺病流行紀事』)。第二次のコロリの到来だ。

A　甲斐の市川《いちがわ》村の村役人の喜左衛門の記す安政五年の『暴瀉病流行日記』には、去年十二月に加賀の白山《はくさん》に現れた鳥が予言した。来年八、九月の頃、世の中の人が九割ほどは死ぬが、我らの姿を朝夕に仰いで信心をすれば、必ずその難を逃れる、と語ったという。その喜左衛門の記した「**よげんの鳥**」(**図66**)は、体全体が黒く、二つの頭があり、頭は黒と白に塗り分けられている。

B　アマビエといい、疫病神は予言もしていたのである。前に見た甲州上野原の塚場に現れた越前湯尾峠から来た老婆といい、甲州においては、北陸が境界の地に相当するようだ。

A　コレラ大流行によって、安政五年刊の長唄本「**三日ころり愛哀死々**」(**図67**)は、歌舞伎舞踊演目の「相生獅子」にかけ、挿絵に描かれた女性は、髑髏《どくろ》の獅子頭を持ち、衣装は白装束となっている。

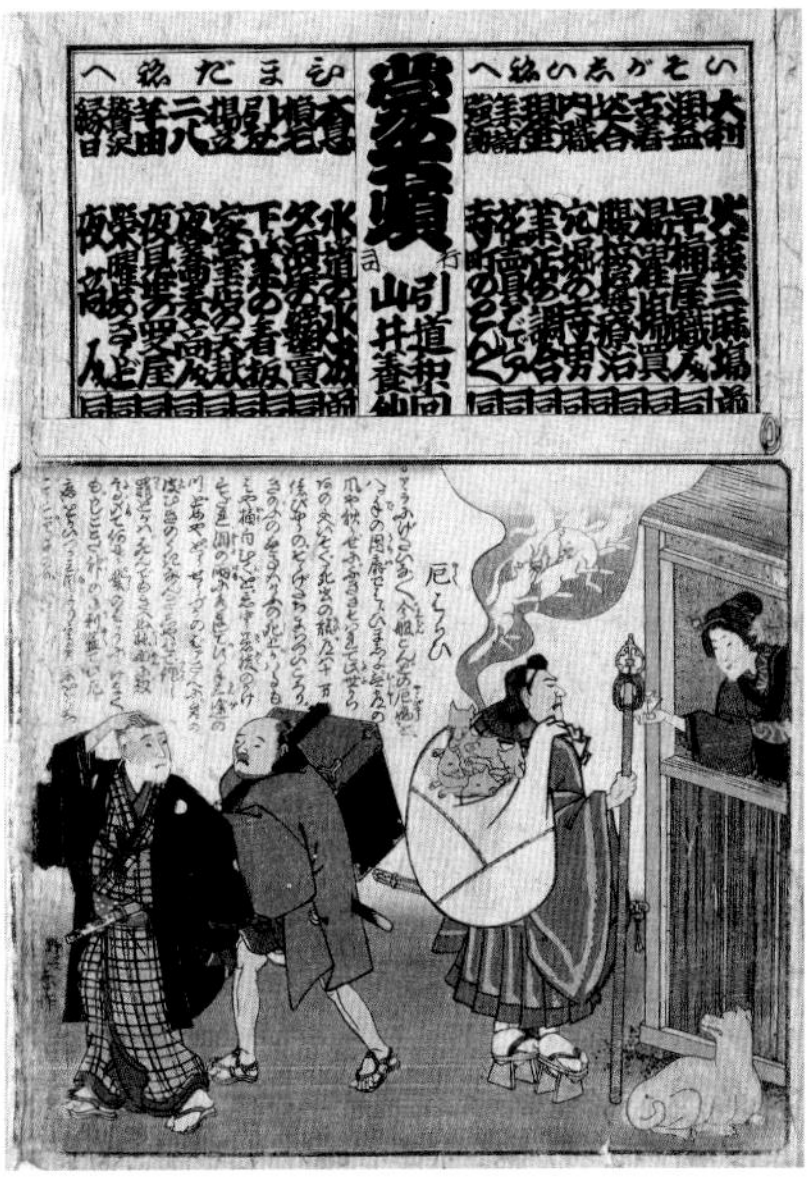

図68「厄はらひ」野咲急。内藤記念くすり博物館蔵

天然痘対策

A　天然痘対策はどうだったの。

B　幕府は、伊東玄朴・大槻俊斎《しゅんさい》らが種痘所の設置を願ったことから、蘭学に理解のある勘定奉行の川路聖謨《かわじとしあきら》の拝領地である神田お玉《たま》が池《いけ》に種痘所設置を許可した。八十三人余の拠金者の援助を得て開所し、万延元年(一八六〇)に幕府直営となって、頭取に大槻俊斎がなり、俊斎没後に緒方洪《おがたこう》庵《あん》が招かれた。

A　幕府の医官はどう動いた。

B　多紀元堅らは旧来の養生法を主張して牛痘法に反対した。

A　コレラ対策はどう。

B　緒方洪庵はコレラの流行で治療手引書『虎狼痢治準』を出版して配布、文久《ぶんきゅう》二年(一八六二)に伊東玄朴らの推挙で洪庵が奥医師兼西洋医学所頭取になるが、翌年に急死する。この年、『疫毒予防説』が刊行され、コレラの予防、治療法が翻訳され、「キュアランタイネ」を検疫と訳した。

A　江戸では相撲番付に見立てたさまざまな番付が流行していて、疫病関係では、野《の》咲急《ざきいそぐ》の描く安政五年の「**厄はらひ**」(**図68**)は、厄祓師《やくばらいし》が八つ手のうちわで厄病を祓うのを勧め、絵の上部に番付が載る。忙しい人は、火葬三昧《さんまい》場・早桶屋《はやおけ》職人・湯灌《ゆかん》場買の順、暇な人は、水道の水汲《く》み、夕河岸の鰯売り、下し薬の看板などの順で並ぶ。流行の社会相を描く『流行三幅対』の番付では、コレラ感染の恐れについて「買はず　なま鰯のつかみ売り」「飲まず　水道の水汲み」「食わず　屋台店の食い物」をあげ、値段について「かけ値　注文の早桶」「高値　白無垢の損料」「定値　百か日の仕切り」を順次あげている。

コラム3

コロリ流布

　コレラが大流行すると、オランダ医官ポンペは「上申書」に、五月の出島や長崎市中は、ともに下痢、追々吐きかかり、患者は三十人が煩い、アメリカ蒸気船ミシシッピーでも病人が出、出島のヨーロッパ人も下痢多く、真のコレラ病にならぬように防いだ、と記している。

　長崎海軍伝習所の勝海舟《かつかいしゅう》は、「七月末、英国艦五、六艘、長崎に入る」「たちまち市中これを病発し、死する者算なし」と記し、生徒は二十三名にとどまったが、長崎の人は皆劇症で、即日に亡くなったので、「人心狂じ、昼夜、鼓鉦の声けたたましく響」いて、異人が井戸に毒を入れたのが原因である、という流言が信じられたという（『海軍史』）。

　松本順《まつもとじゅん》（良順）は、長崎鎮台の岡部《おかべ》駿河守が人民の夭折を憐み、治療を命じられたので、子弟たちと西奔東走し、七、八月中に千八百人を治療した（『朋百口授筆記』）。

　八月、病患により、死の迅速なことは、目を覆うばかりで、播磨だけでなく西海・東海・山陰道まで煩い、人はこれを恐れて虎狼の如きから、俗に「虎狼痢」と称した（『印度霍乱考』）。仲秋から深秋にかけ、諸国に「コロリ病」大いに流行、八月下旬に京都に流行すると、他地域の病状を伝え聞き、飽食・摂養を慎み、予防を講じ、医者が多くて助かる人が多かったが、それでも盛んな時は一日、百人を超えた（『コレラ記事』）。

　伊豆桑原《くわはら》村では、将軍家定《いえさだ》が亡くなって村々町々での鳴物停止の命にもかかわらず、鉄砲・鉦《かね》太鼓を鳴らし、時の声を上げ、裸で神々に参詣し、老人は昼夜念仏し、若者は裸で氏神や三島《みしま》大明神に毎朝参詣、八月五日に天王様廻りをし、さらに武州三《みつ》峰《みね》山へ参り、病をアメリカ狐になぞらえ、それ故、御犬をかり申したという（『森年代記』）。

　この病は、上方筋より流行り、東海道は一円だが、その中で金谷・島田《しまだ》の宿はおびただしく、府中《ふちゅう》・蒲原《かんばら》・小田原に至って、七月後半からの十二日間に死者が三百九十一人と伝わり、江戸表では、同じ頃に二千百二十二人が死去、日本橋から京橋《きょうばし》まで八町四方の間、七月晦日から八月八日までに三百二十人が亡くなった（『疫癘雑話街迺夢《えきれいざつわちまたのゆめ》』）。

　駿河富士郡では、東海道から流行し、駿東《すんとう》郡深良《ふから》村に入り、村人は「くだ狐の葉」であると考え、昼夜鉄砲を打ち、守り袋に黒大豆や桑の木の葉を入れ、皆、腰につけ、家には門口に梶《かじ》の葉や茗荷《みょうが》の白根、赤い紙を吊るし、線香や火縄を門口に置き、相談して京都の吉田神社に「御鎮札」の勧請札を要請すると、それが無事に届いた（『裾野市史』）。

　大江戸は、七月上旬に赤坂《あかさか》に始まり、霊岸《れいがん》島辺にも多く、八月には所々に移って、病倍増し、死者は多くて一日に百余人、少なくて五、六十人、葬礼の棺《ひつぎ》、大道小路に陸続し、昼夜を限らなかった（『頃痢流行記』）。

　八月九日、葬送して「火屋」まで見送ったところ、おびただしくて、驚きいった。葬式の棺桶、どの火屋でも門内から裏の方に至るまで、山の如く積み重ねられていた（『後昔安全録』）。仮名垣魯文《ながきろぶん》の「**安政午秋　頃痢流行期**」（**図69**）は、コレラの流行で亡くなる人が続出、江戸の火葬場が大混乱した様子を描いている。

　江戸に流転し、病に伝染する者多く、即時に目陥り、鼻尖《とが》り、たちまち鬼籍にいる者男女あわせて、武家二万二千五百五十四人、町家一万八千六百八十人という。九月上旬に至り、はじめて病が根絶した（『橘黄年譜』）。

「七月下旬より、世間一同上下そく死之病はやり、八月上旬頃、猶又神田三木丁裏長屋十一軒にて十八人死、外神田佐久間丁壱丁目の御たすけ小屋出来仕り候、八丁ほり手の字見世にて棺箱ほどこし御座候、深川さが丁にて、早桶ほどこし御座候」（『伊豆桑原村森年代記』）。

『嘉永明治年間録』には、八月中、町屋ばかり病死人一万二千五百九十三といい、全流行始終、七月二十日頃より九月十日まで、おおよそ五十日の間、武家・寺院・町方等人別書上に洩れた者を加えると、およそ三万人死亡という。八月の頃には次第に蔓《まん》延《えん》し、奥羽のあたりにまで至ったと聞き、十月に至ってようやく止んだ。この病で亡くなったのは、およそ二万八千人で、火葬にふしたのは九千九百人という（『武江年表』）。

『諸宗寺院死人書上』によれば、安政五年七月二十七日より九月二十三日までの五十五日間、江戸の寺院が取り扱った死亡者は、浅草分が一万五千百四十八人、下谷《したや》分が一万二千八百四十九人、西本願寺が一万三千五百人、東本願寺が一万千八百二十八人などあわせて二十六万八千五十七人にのぼった。

『頃痢流行記』は、八月朔日《ついたち》から晦日までの日々の死人を次々と書上げており、合計が一万二千四百九十二人、ほかに人別にない者が一万八千七百三十七人と記していて、凄《すさ》まじい死者の数だ。刻一刻と死者の数が推移している様は、今回のコロナ禍と同じような動きである。

図69「安政午秋 頃痢流行期」茶毘室混雑の図。国文学研究資料館蔵

B　江戸っ子らしい洒落《しゃれ》の効いた番付だ。

A　種痘を早くに導入した佐賀藩はどう対応したの。

B　城下への伝来により、種痘実施の役所「引痘方」を設け、市中・郷中に出張所を設け、藩内を巡回、役人を派遣して種痘を実施する体制を築いた。両腕に五箇所接種し、一週間後に善感したかの検査を行ない、確認すると種痘済の印鑑が捺《お》された。種痘者からの費用の徴収はなく、全額藩費の負担だった。

A　すこぶる進んだ対応だが、そう、そう、琉球はどうだった。

B　忘れるところだった。琉球では嘉永四年に初めて痘種を求め、皮膚に植え付ける方法を採用したが、それでも死者がでたので、薩摩から牛痘をもらってきて接種した(喜舎場朝賢『東汀随筆』)。

A　そうか、早くから種痘を始めていたんだ。

B　琉球の医師は中国の福建省や薩摩藩から痘苗をもらってきて、細かい粉末にして小児の鼻の穴に吹き込むこと、二、三回繰り返し、痘瘡にかかると、「清ら瘡お迎え」「清ら瘡お願」などといい、「ただ三粒たばうち今年清ら瘡や 上下も仰ぐ神の恵み」などの歌を歌ったという(比嘉春潮「翁長旧事談」)。

諸藩の対策

B　長州藩の青木周弼《しゅうすけ》は引痘掛《いんとうがかり》になり、藩主の毛利敬親《たかちか》の許可を得て、弟研蔵《けんぞう》を長崎に派遣、十月から種痘を開始し、嘉永三年から万延元年(一八六〇)までの十一年間に二十万人に実施した。

A　長州では蘭方医の活躍が目覚ましいね。

B　福井の町医の笠原良策《かさはらりょうさく》は、京都の師のもとに痘苗が届いたのを聞くと、嘉永二年(一八四九)に京都に出て種痘を実施し、除《じょ》痘館《とうかん》を開設、十一月に福井に戻って仮除痘所で種痘を開始し、藩医や役人の誹謗《ひぼう》・姦《かん》計《けい》にあうが、めげずに活動し、嘉永四年十月に除痘所が藩営となった。それでも藩医の協力が得られないなか、出張種痘を行ない、費用徴収を少なくする方式を考案、領内の種痘を推進した。

A　笠原良策が京都で開設した除痘館の活動はその後にどうなったの。

B　京都では種痘希望者が増加し、一か月の間に公家《くげ》から庶民に至るまで、三百余人に種痘を実施し、大坂の緒方洪庵の依頼で分苗もした。良策が去った後は、佐賀藩医の楢林宗建《ならばやしそうけん》が京に出て、熊谷直恭《くまがいなおやす》らと種痘所の有信堂《ゆうしんどう》を設立、町医と町人の協力で運営した。

A　京都では、大流行の翌年の安政六年五月末から偽症コレラが流行、新宮涼閣《しんぐうりょうかく》が伊勢の津に赴《つ》いて診察、帰京すると、塾生から真症コレラが発生、六月から九月までに洛中で千八百六十九人、洛外で八百三十五人が亡くなったという(『コレラ記事』)。この年に黒川玉水《くろかわぎょくすい》は**「神いさめ」**の**図70**を描いている。

B　種痘の普及は、各地の蘭方医の努力の賜物《たまもの》だ。数年後に種痘は全国に普及した。秋田藩の角館《かくのだて》では、高橋牛痘庵が嘉永四年(一八五二)に江戸に出て種痘術を学び、翌年に帰郷すると、牛痘普及のために「勧牛痘趣意書」を作成し、小児の四割が命を落とすことや、貧窮人は謝礼に及ばないことなどを伝え、恐ろしい病から人を救いたい、と願って種痘を施し、亡くなるまでに一万人以上に施した。

A　現在の自治体別の対策や医者の努力と同じだが、藩が全く対策をとらなかったわけではなかろう。

B　水戸藩では、徳川斉昭《なりあき》が弘道館《こうどうかん》を設立し、二年後の天保十四年(一八四三)に医学の総合学校である医学館も設立、教授には郷校稽医館《けいいかん》の本間道偉《ほんまどうい》を任じた。この稽医館は、道偉の父玄琢《げんたく》が、近郷の医師を集め、医学書の講究、手術の実践、難症奇病の討議、薬草・薬種研究を行ってきており、コレラ蔓延では、種痘の普及所となり、安政年間の初めまでに一万三千四百人に接種した。

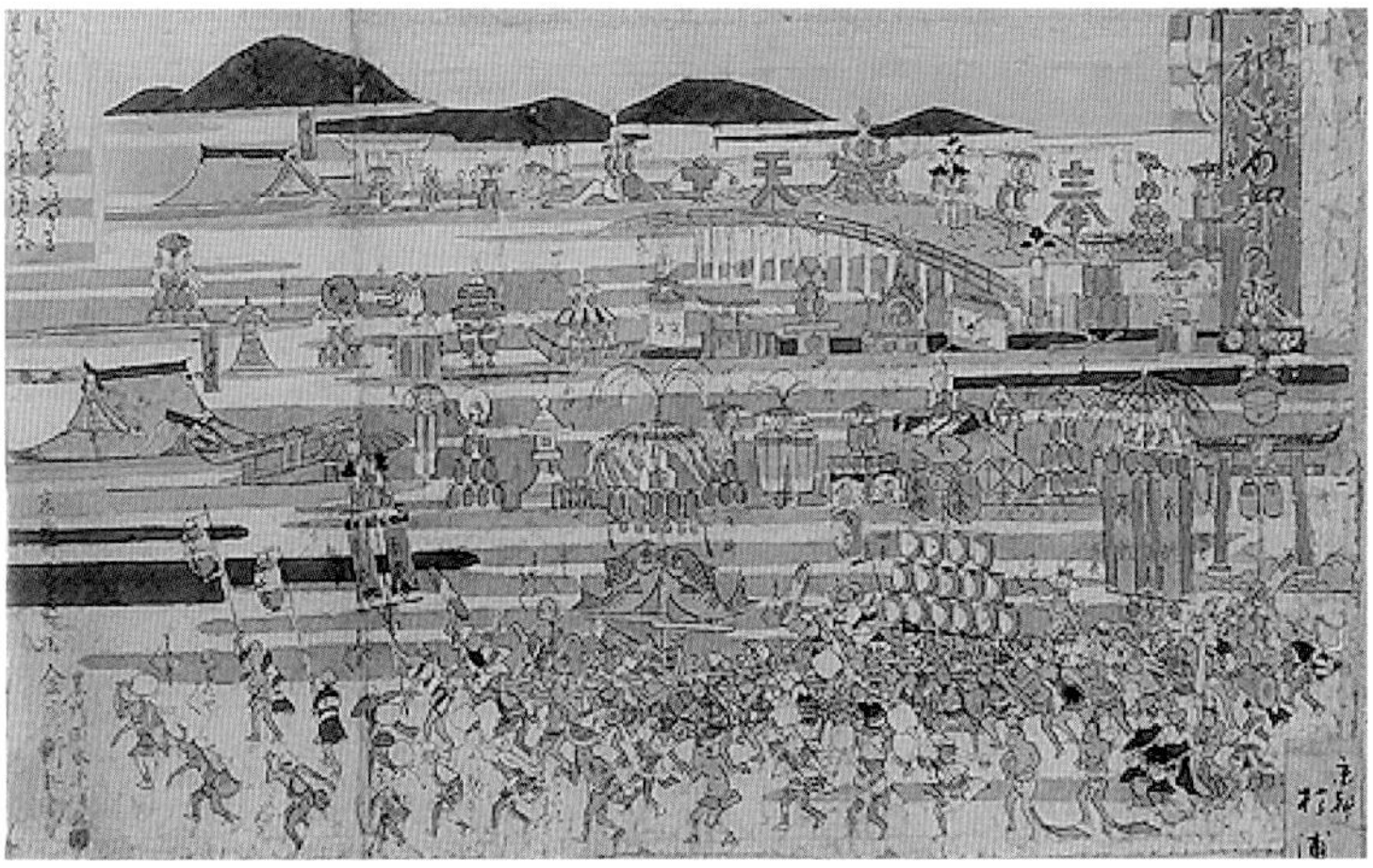

図⑳「神いさめ都の賑」黒川玉水

A 江戸では、安政六年七月下旬から再びコレラ病が流行した。奥州石巻《いしのまき》蛇田《へびた》の東雲《とううん》寺には、石造の「狐狼痢碑」が立てられ、十月に武蔵越谷《こしがや》大泊《おおどまり》の安国《あんこく》寺には、越谷・春日部《かすかべ》地域の万人講《まんにんこう》がコレラ供養碑を立てている。その高さは百七十センチで、正面に「南無阿弥陀仏」の名号があり、背面に、去年七月からあやしい病が出来、はかなく亡くなった人は数えきれないので、「八月二十七日より十月の望の日まで心ある限り、この精舎に集ひ、種々の手向けして、昼夜わかず、弥陀仏の御名前を唱へて懇ろにとぶらひつる」と刻む。

B 私が住む茅ヶ崎《ちがさき》市でも、文久二年（一八六二）閏《うるう》八月、相模高座《こうざ》郡行谷《なめがや》村で、念仏講衆が宝蔵《ほうぞう》寺に狐狼痢除百万遍供養塔を立てている。コレラ供養の石造物は、この時期から各地で立てられるようになっている。

文久の麻疹流行

A 江戸では、安政六年四月頃から麻疹が流行、万延元年（一八六〇）春に風邪が流行、翌文久元年五月に傷寒、熱病、眼病が多く、翌六、七月に麻疹が大流行した。今度はことに激しく、良医も薬を調剤できず、病人は吐瀉《としゃ》し、咳《せき》が出、手足が冷えた。烏犀角《うさいかく》を用いても度が過ぎると、逆上して正気を失い、熱気により凶を発し、水を飲もうと駆出し、河溝に身を投じ、井戸の中に入って死ぬ者も出た。医師は東西に奔走し、薬種を選ばず商って高価を貪《むさぼ》る者多く、医生も薬舗も同じく罹《かか》った（『武江年表』）。

B ほかに特徴はあるの。

A 高齢の人に多く、男は軽く、女は重い。妊娠していて命の助かった者は少なく、産後はこれにつぐ。二月の頃、西洋船が長崎に泊まってから伝わり、次第に京、大坂へと広まり、三月頃、小石川《こいしかわ》の寺の坊主が中国地方から江戸に旅をしてきて煩い、四月頃に寺の中で伝染、六月末からしだいに江戸で盛んになり、寺院は葬式を行うのに暇なく、日本橋上に一日に棺の渡ることが、二百に至る日もあったという（『武江年表』）。

B 伊豆の桑原村でも、はしかがはやり、老人でも麻疹に罹らなかった者が、残らず罹り、病死するものも多数で、村は五十九軒だが二百人が罹ったので、氏神様に御百度参りしたという（『伊豆桑原村森年代記』）。

A この時の麻疹流行に関わる浮世絵に歌《うた》川《がわ》芳盛《よしもり》の**「麦殿《むぎどの》大明神」**（**図㉑**）がある。

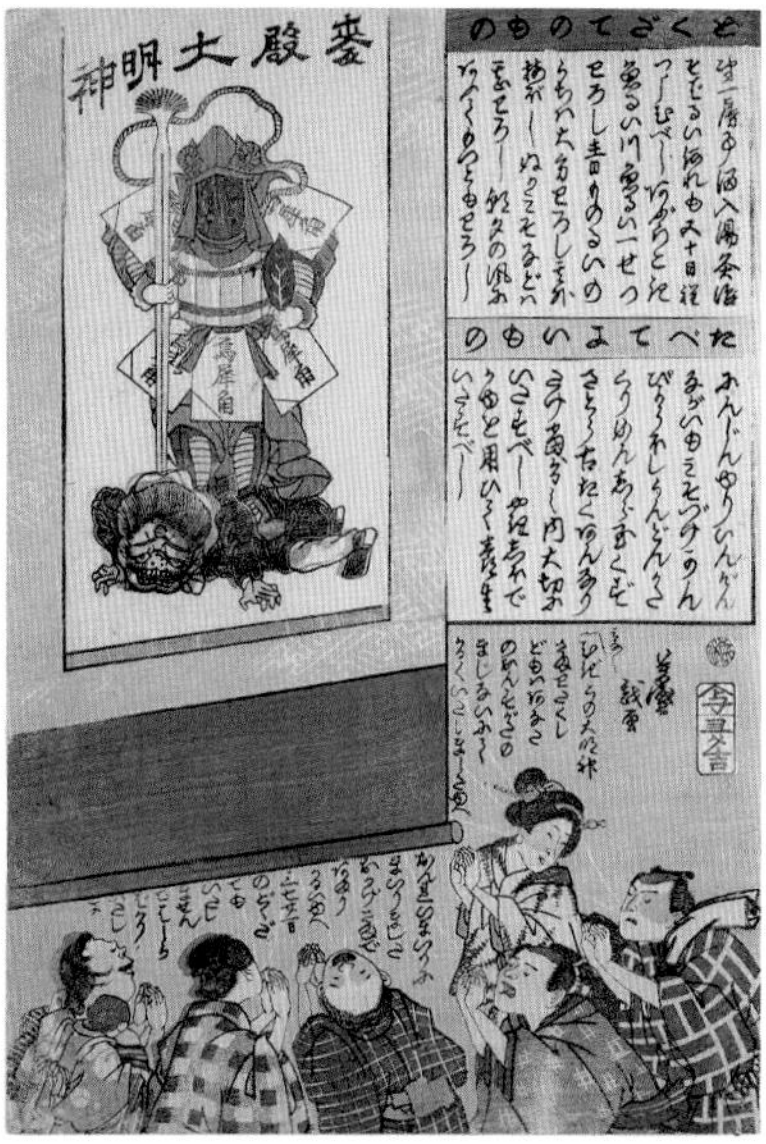

図⑪「麦殿大明神」歌川芳盛。国際日本文化研究センター蔵

図⑫「麻疹心得の図」歌川房種。国際日本文化研究センター蔵

B　烏犀角は犀の鼻角で麻疹の良薬とされ、麦殿大明神が烏犀角の鎧を着て、タラヨウの葉を手に持ち、麻疹の鬼を踏みつけている姿を人々が有り難く拝み、「どくだてのもの」「たべてよいもの」などが記されている（『武江年表』）。タラヨウの葉には、まじないの歌を書いて川に流すのがよいとされたようだ。

A　もう一つ掲げるのは歌川房種《ふさたね》の**「麻疹心得之図」**（図⑫）で、「文久二年六月麻疹流行おびただしく」と始まり、麻疹に罹ると、寒気と頭痛がして喉《のど》が渇き、三日後に発疹、いつかは食事が摂《と》れなくなる症状で、快方に向かう時の養生が大切であるとして「禁物」を十数か条にわたって記す。絵は、麻疹の鬼が籠《かご》の屋根に乗って通り過ぎるのを、赤児をおんぶした母親が見ている図。

B　浮世絵とはいっても、症状や養生で注意すべきものまで書いており、庶民は手軽に読んでいたことがわかる。長崎では佐賀藩主の鍋島直大《なおひろ》が麻疹に罹っていた。直大は初めて牛痘を接種されていたが、麻疹には弱かったようだ。

A　京では「毎家凡そ七八人、或は十人病む」事態となっており（『定功《さだいさ》卿記』）、攘夷を唱えていた孝明《こうめい》天皇は九月に「早く攘夷を決し、大小名に布告せよ」との攘夷決行と、親兵設置を幕府に要求する勅使を江戸に派遣することになった。天皇の攘夷決行に疫病の影響があったのだろうか。

B　三条実美《さねとみ》からの要請による攘夷決行であり、疫病によるのではないが、攘夷の意志を強めたことは考えられよう。

A　そうか。寺子屋を営む江戸は本所《ほんじょ》に住む真木硒家は、『後昔安全録』に安政のコレラ流行の様子を詳しく語っていたが、この文久の麻疹では、幕府の御書物師の出雲寺万次郎《まんじろう》の不幸を記している。「出雲寺かた、お猶さま事、養生相叶はず、昨五日夜、死去致され候」と伝えられると、その葬送に上下や脇指などを借用して参列していたところ、「去る七日、出雲寺万次郎殿、急病にて死去致され候」とあって、万次郎はコレラで亡くなったらしい。

B　出雲寺とあるのは、『熙代勝覧《きだいしょうらん》』に見える書肆《しょし》で、幕府の御用をつとめる大店だ。

A　麻疹は七月半ばから流行し、銭湯や風呂《ふろ》屋、髪結所に客なく、両国橋の夜店は灯をともすことなく、納涼・避暑の客が無くなった。八月半ばからは町々の木戸に斎竹を立て、軒に提灯《ちょうちん》をつり、鎮守の神輿《みこし》・獅《し》子頭《しがしら》を渡し、神楽《かぐら》所を設《しつら》え神をいさめ、禍《わざわい》をはらった。ねり物を催し街頭を渡した（『武江年表』）。

B　伊豆の君沢《くんたく》郡久連《くづら》村では「安政五戊午年八月より諸国一同の疫病」により、京の吉田神社の神を勧請して祈禱し、その勧請札が伝わっているが、それには「吉田神社に勧請し奉り」とあって、裏面に勧請した経緯を詳しく記している。

文久のコレラ流行

B 『桑原村森年代記』によれば、八月上旬からころりの病が流行し、江戸・大坂で一日に千人程が亡くなり、相模国で多くなくなっていて、小田原では一日に三十人が亡くなり、三島では八月下旬になって一日に二、三人が亡くなったが、桑原村は無難であったという。

神奈川宿に住む宣教師ヘボンは、九月一日付けの手紙で、コレラ患者を往診し、「六月十七日から八月十一日に至る五十六日間にわたって、コレラ患者は五十六万七千七百十三人、江戸だけで七万三千百五十八人が死亡しています。神奈川と横浜でも日本人の間でかなりの多数の死亡者を出しています」と記している。

A 今回の幕府の対応は。

B 安政五年（一八五八）開設の種痘所が文久元年（一八六一）に西洋医学所と改称され、種痘・解剖・教育の三科目に分かれ、蘭医学の教育機関となって、洋書調所では杉田玄端《すぎたげんたん》らにより、洋書のなかからコレラ病に関するものが翻訳され、『疫毒予防説』が刊行された。

A この年は開港された横浜港《よこはま》が整備されており、図は横浜の元治《げんじ》元年（一八六四）頃の**「増補再刻御開港横浜之全図」**（**図73**）で、玉蘭斎貞《ぎょくらんさいさだ》秀《ひで》の手になる。横浜居留地の中央の水田が横浜新田で、後に中華街になってゆく。横浜開港とともに文明の時代が到来した。

B 孝明天皇は、慶応《けいおう》二年十二月に疱瘡の徴候の発疹がうかがえ、典薬寮の医師が「緋の絹羽織様」の衣装をつけて当直し、親王（明治天皇）が病床を見舞いしたところ、病気が疱瘡と決し、感染を恐れて遠ざけられた。親王は母の父中山忠能《なかやまただやす》の屋敷で、天皇側近の娘に接種した後の痘苗で、種痘が施されたが、天皇は種痘を施されておらず、容体が急変し二十五日に死去した（『中山忠能日記』）。

A 病状の急変と公表が遅れたため、毒殺説が生じたほどだ。

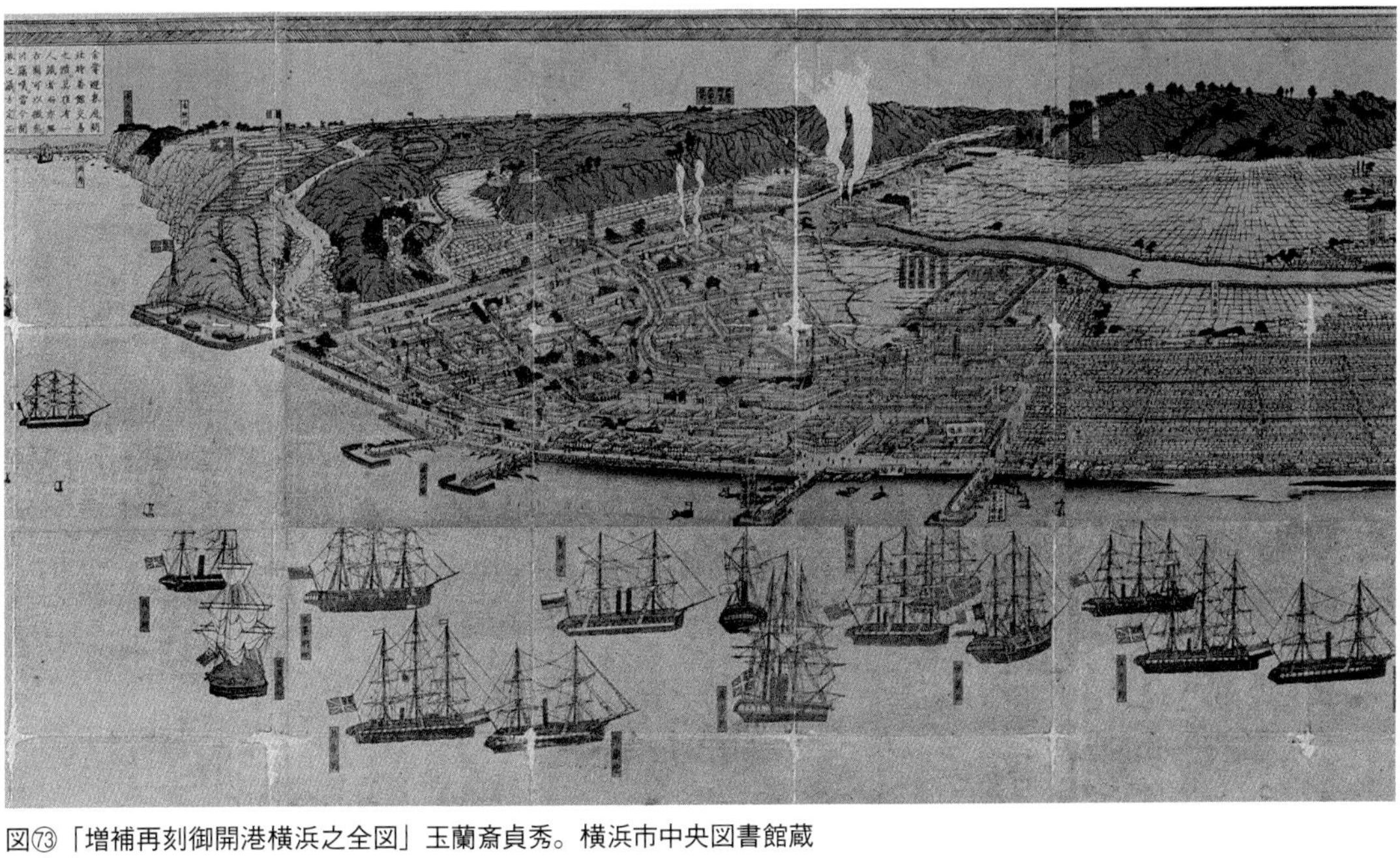

図73「増補再刻御開港横浜之全図」玉蘭斎貞秀。横浜市中央図書館蔵

コラム4

疫病と神々

疫病の神は出雲大社の神を勧請した鷺森《さぎのもり》大明神に見たが、香月牛山の『小児養育草』は、「痘瘡の神は住吉大明神を祭る」「住吉大明神は三韓降伏の神なり。新羅より来る神なれば、この神を祭りて、病魔の神に勝つべき事なりとぞ」と住吉《すみよし》の神をあげている。

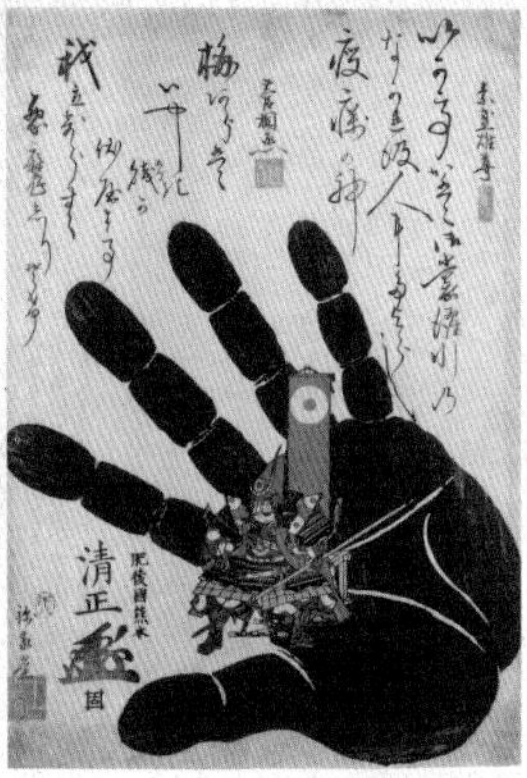

図⑭加藤清正の手形の護符。片桐棲龍堂蔵

図⑮「はしかのまもり」。国際日本文化研究センター蔵

岩本活東子《いわもとかつとうし》編の『続燕石十種』には、「赤き小さきのぼりを持ち、片手に鈴をならし葛西町半田の稲荷、疱瘡はしかもかるがると云てくる。ほうそう前の子を持ちし家にて銭をやれば、稲荷の真言を唱へ、そのほかめでたき祝い言を云て踊る」とあって、稲荷神をあげる。稲荷神は江戸の町の鎮守として勧請されており、町や村に勧請された鎮守神、家を護《まも》るために勧請された屋敷神などが疫病退散の神として信仰された。

疱瘡神には麦殿大明神といった新たな神や、医療の神である中国の「神農」などがあるが、さらに下総富里久能村では、天保六年（一八三五）二月の疱瘡神として高さ四十三センチの妙正大明神の石祠を立てている。

香取神宮《かとりじんぐう》の境内の大杉《おおすぎ》神社には、高さ四十三センチの笠石《かさいし》祠の疱瘡神がある。『利根川図志』によれば、日光《にっこう》二荒《ふたら》山を開いた勝道《しょうどう》上人が、疫病で苦しむ里に持っていた分霊を大杉の樹下に仮鎮座し祈ったところ、神霊が大杉の梢《こずえ》に飛び、疫病はおさまったといい、その伝説に基づいている。

上州の修験の満光《まんこう》院に伝わる『疱瘡神等供養法覚』には、「魁神」「石神」「寛神」「刑神」「早神」「役神」「兵神」などの、婦人・老夫・小児・老婦・僧山・山伏・盲人・小婦人・壮勢男児の顔をした神の祭日と、病気の症状が記されている。

松浦静山《まつらせいざん》の『甲子夜話続篇』には、疱瘡神が「少童・好女」の姿で来ると、病は軽く、老女で来ると、病が重くなるので、村々の戸毎に小さな足半《あしなか》を竹杖の頭に貫いて、疱瘡流行の難を免れようとした、という話を載せている。

鎮西八郎為朝など神通力を有する人物、ないしは神と同様な威力を有する人物が、疫病に関わる存在、神として崇《あが》められ、退散の対象ともされた。掲げるのは、安政五年（一八五八）のコレラ流行に際し、虎退治を行ったという**加藤清正《かとうきよまさ》の手形が描かれた護符**（**図⑭**）で、これを門に貼れば、悪疫を防ぎ、疫病におかされても死を逃れる、とされた。

武蔵生麦《なまむぎ》村では、村の鎮守「すさのお尊」に因《ちな》んで、萱《かや》で長さ八間《けん》、胴回り二尺の大蛇をつくり、若者が担いで田に入り、疫病退散を祈る「蛇も蚊も祭」を行っている。

神は器物や動植物に宿るとされ、掲げる図は、今戸《いまど》焼のおかめの火入れを病人の側に置くのがよいということから、描かれたのが歌川芳艶《よしつや》の「**はしかのまもり**」（**図⑮**）で、その大きなおかめの姿に驚く図が描かれている。歌川国芳の「みみずく」は、疱瘡除《よ》けの玩具を描いた赤絵で、みみずくの目は疱瘡の高熱による失明除けとなり、兎の耳のような羽角は、跳びはねる兎のように病人が元気に回復しますように、という願いによる。

近江大津《おおつ》の四宮《しのみや》祭の山車《だし》人形は、猩猩《しょうじょう》の姿をとる。

コラム5

奥州守山藩の疫病

奥州田村《たむら》郡守山《もりやま》領三十一か村を支配する守山藩は、水戸藩の分家の関係にあり、南に白河《しらかわ》藩、東に三春《みはる》藩、西北に二本松《にほんまつ》藩がある。その『御用留帳』から村人たちの医療状況が明らかにされている。

守山には芭蕉《ばしょう》が訪れたことを記す大元《たいげん》明王があり、村には稲荷明神、疱瘡神、薬師堂、八幡宮、観音堂などの堂があって、相当数の修験者がいた。なかでも岩作山妙音《みょうおん》寺の修験は、疫病が流行すると、明王山や堂坂《どうざか》観音堂、村の庄屋の家の前の制札場などで、般若経の転読を行い、「疫神退散」「疫病神送り」を祈った。

安永五年（一七七六）の麻疹の大流行では、藩からの祈禱や「神送り神事」を行なって、病難を退けるよう、麻疹には茄子《なす》や木瓜を食べてはならぬなどが伝えられている。安永八年に岩作《がんざく》村の庄屋・組頭は、「時行煩」（疫病）から稲荷明神の前で湯立て神事を行ったところ、社地を替えるべしとの託宣があったので、郡《こおり》奉行に疱瘡神宮の立つ地に移したい、と訴えている。

天明三年（一七八三）には、近村で流行の煩いがあるので、天道《てんとう》念仏をしたい、と岩作村から願いが出された。天道念仏とは天道に向かって念仏し疫病退散を祈るものと考えられ、駿河・伊豆では専修《せんじゅ》念仏行者である唯念《ゆいねん》行者が除災儀礼を行っていた。

享和三年（一八〇三）三月、麻疹が流行すると、藩から「世間一統麻疹流行致し候に付き、右薬ならびに心得の事」という触が出された。御柳（しだれやなぎ）は枝葉とも一帖三匁《もんめ》、小児は壱匁を煎《せん》じて用い、懐妊の女は別に蓮《はす》の葉の巻葉を煎じ、御《ぎょ》柳《りゅう》も兼ねて用いよと、薬が指示された。

食物については、はうる団子・甘酒・あめ・黒豆・小豆《あずき》・長芋・大根などを食べるが、生では食さぬこと、豆腐や茗荷《みょうが》は食べてもよい、とされ「かせて（瘡がとれて）後、三七日（二十一日）過ぎて」から、段々軽い食事をとるよう、油強い魚や鳥は七十五日を過ぎるまで忌むようになどが示された。

右の表は、守山領での流行病の年表である。天明八年の疫病では八幡社で「草角力《ずもう》」を行っており、安政二年にも薬師堂の前での祈禱の後、相撲興行が行われているのが、注意をひく。総じて十八世紀に入ってからほぼ二年おきに疫病が流行しているのがわかる。

流行年	季節	病名	対策
享保11（1726）	冬	疫病	
元文元（1736）		時疫	
寛保元（1741）		疫病	明王山にて疫病除祈禱、大般若転読。
寛延元（1748）		時病	病死の者もあるが、藪医者にかかるからで、きちんと稽古した医者にかかるようにとの触れを出す。*
安永8（1779）	夏	時行煩	明神湯立を行うと稲荷明神を社地替するようにとの神託あり。
天明3（1783）	冬	疫病	神職に鎮守での祈禱、病家への訪問を命じる。*
天明4（1784）		疫病	
天明8（1788）	夏	痢病、疫病	八幡社地で草角力、神事をとり行う。
寛政元（1789）		時行煩	領内医師に療治を命令。*
寛政2（1790）		疫病	
寛政9（1797）		疫病	
寛政10（1798）	夏	疫病	大般若修行、護摩修法。
寛政11（1799）	夏〜冬	時疫	大般若転読・病難除祈禱のため、村々へ僧を巡行させる。志賀玄格が病家見廻り。*
享和元（1801）		疱瘡	
享和2（1802）	春	風邪	
享和2	春〜秋	流行病	大般若転読、悪魔除の祈禱を命じる。*
享和2	夏	疱瘡	
文政元（1818）		疫病	堂坂妙音寺、鎮守にて祈禱、大般若転読、神職が病家訪問。*
文政4（1821）	春	風邪	長髪御免。*
文政7（1824）	4月？	風邪	
文政11（1828）		疱瘡	明王山にて病難除きの祈禱。
天保元（1830）	夏	？「病家多候」	城山八幡宮にて祈禱修行。
天保3（1832）	夏	疫病、流行風邪	貝原祐硯が病家見廻り。
天保5（1834）		疱瘡	明王山にて祈禱、大般若の転読。
天保5		疫病	城山八幡宮にて祈禱、鎮守で神楽。
天保6（1835）		流行病	明王山にて病難除祈禱、大般若転読の後、病家に軒別見廻り転読。
天保11（1840）		痢病	貝原祐硯に回診を命じる。*
弘化4（1847）			「痢病の妙薬」「熱病の妙薬」廻文。*
安政2（1855）		流行病	薬師堂前で祈禱、相撲興業。
安政3（1856）		流行病	伊豆・箱根・三嶋三社に病気消除の立願。
安政5（1858）		暴瀉病	
万延元（1860）		疫病	
文久2（1862）		麻疹	長髪御免。

*印は藩の側からの対策・命令、無印は村方の自主的な対策。

九　文明と疫病

明治初年の疫病

B　慶応三年（一八六七）六月、初旬は冷気著しく、諸人が袷衣《あわせ》を着るなか、風邪・熱病が広がった（『武江年表』）。この年に描かれたのが、一寿斎芳員《いちじゅさいよしかず》の「**諸神の加護によりて、良薬悪病を退治す**」の絵（**図76**）であって、外国からの輸入薬が鎧を着こんで、痘瘡《とうそう》や回虫、霍乱《かくらん》などの日本の病を懲らしめている。

A　雲の上からは、牛頭天王や神田大明神、氷川《ひかわ》神社、山王《さんのう》大権現、金比羅《こんぴら》大権現、天《てん》照《しょう》皇大神宮、正《しょう》八幡宮、水天宮《すいてんぐう》、稲荷大明神などの諸神が見守っており、文明の時代の到来をよく物語っている。

B　明治二年（一八六九）、医学所が東京府大病院と合併、医学校・病院・種痘館など五局に改められ、その医学校兼病院は大学《だいがく》東校《とうこう》と改称され、翌年には松本良順が私立医院の魁《さきがけ》として早稲田《わせだ》に蘭疇医院を設置している。

A　これにより病院の体制が整ったことになる。

B　明治三年十一月、横浜に天然痘が流行し、お雇い医師ニュートンの監督のもとで医師二人が横浜吉原《よしわら》会所、神奈川元本陣石井源左衛門宅に出張して小児に種痘を施した。イギリス公使パークスの勧告によるもので、この二箇所のほか、保土ケ谷《ほどがや》の苅部《かるべ》清兵衛方に仮病院を設け収容した。ニュートンはほかに戸塚・藤沢《ふじさわ》・鎌倉雪《ゆき》ノ下《した》にも種痘所を設け、翌年に元弁天武術講習所を仮病院とし、一箇所に纏《まと》めて種痘を行った。これは官設の種痘所の嚆矢《こうし》であり、官費で支弁された。

A　この年には甲府県で疫病が流行、県は、巨摩郡の上高砂村《かみたかすな》の疫神にあて「普天の下、率土の浜、王の民に有らざるなし。汝疫神、謹んで速やかに去るべし、去らざるにおいては、八雲神社に奏し、神兵を以て征伐に及ぶべきものなり」という疫神退散の差紙をだした。

B　明治になってもまだ文明の影響は及んでいないようだ。明治四年（一八七一）十一月に大学東校に種痘局が設置され、種痘医

図76「諸神の加護によりて良薬悪病を退治す」。東京都立中央図書館蔵

や痘苗の分与が定められ、種痘館は廃止となる。明治七年正月四日、東京府は「天然痘予防仮規則」を定め、三月に医制が施行された。

A 東京府でも制度が整いつつあった。

B 七月に東京で天然痘が流行し、十二月一日から翌年三月二十二日まで三千三百七十七人が亡くなるが、この間の十二月に太政官達「恤救規則」が制定された。これは隣保共助により、救済対象を無告の窮民に限定する届出主義の救貧制度の始まりである。翌年四月に太政官達「悪病流行ノ節貧困ノ者処分概則」を公布、伝染病流行の際には地方技官（医員）を派遣し、貧民の治療を行うことを定め、明治六年十一月には内務《ないむ》省を新設し、衛生局に種痘・売薬など五科を置いた。

A これで政府の医療体制が整ったわけだ。

B 横浜では、明治四年に疫病対策による下水道工事が完了し、明治六年秋から七年にかけての天然痘の流行には、野毛山《のげやま》の十《じゅう》全《ぜん》病院内の敷地に付属病舎を新設して種痘を奨励、七月に神奈川県の種痘所はその事務を十全病院に移し、同院のシモンズの建言で、種痘の本局として県下の本籍・寄留者の別なく種痘を行った。

A 横浜の疫病対策は逸早く進められたことになる。

B 明治十年（一八七七）七月、清《しん》国の厦門《アモイ》でコレラが流行、イギリス軍艦が長崎に入港すると、内務省は八月二十七日に内務省達「虎列刺病予防法心得」で、神奈川県・兵庫県・長崎県に入港船舶の検査を命じ、予防法を告示し、流行予防に努めたが、その対策は検疫強化にあり、コレラ侵入後は粗製な石炭酸を散布し、衣服をぼろぼろになるまで蒸すなど、消毒・撲滅・遮断・隔離に重点が置かれた。

A 対策はその程度？　上下水道などの衛生整備には時間と費用がかかるからね。

コレラ騒動

B コレラは九月五日に横浜に入ったアメリカ船から持ち込まれ、九月十四日に東京、そして千葉、群馬・長野など生糸輸出ルートがコレラに汚染された。千葉県鴨川《かもがわ》では罹患《りかん》者が四百余に及び、医師の沼野玄昌《ぬまのげんしょう》が消毒を行って病人を隔離しようとしたところ、駆け付けた郡民の「商漁輩」が、毒を散布し、肝を取るとして襲いかかって亡くなる。長崎でもイギリス船の船員が死亡、埋葬に関わった者も罹《かか》って、熊本、十月には神戸・大阪へと広がった。

A この二月には西南《せいなん》戦争がおきたが、何か影響はあったの。

B 長崎のコレラが、巡査を載せた品川丸が鹿児島に到着し、戦場地に伝播《でんぱ》、凱旋《がいせん》する政府軍引揚の船舶でもコレラが発生して、六名が死亡、神戸に着くと、検疫指示に対し、銃を構えて払いのけて上陸し、その最中に十六名、直後に四十名が発症した。こうして全国に蔓延《まんえん》し、特に長崎・熊本・鹿児島・兵庫・大阪では猖獗《しょうけつ》を極め、人々は「トンコロ」と称して恐れたといい、年内に一万三千八百十六人が亡くなった。

A 橋本直義《はしもとなおよし》の「**流行虎列刺病予防の心得**」（**図77**）の絵は、コレラ患者を治療す

図77「流行虎列刺病予防の心得」橋本直義。内藤記念くすり博物館蔵

る風景を描き、横浜在留の「ドクトル」の報告として、空気を入れ替え、居室を乾燥させ、体や衣類を清潔にし、薄着や裸で寝ることのないように、等の注意が記されている。

B　明治十二年（一八七九）に松山《まつやま》でコレラが発生し、七月六日に堺で、四百五十四人

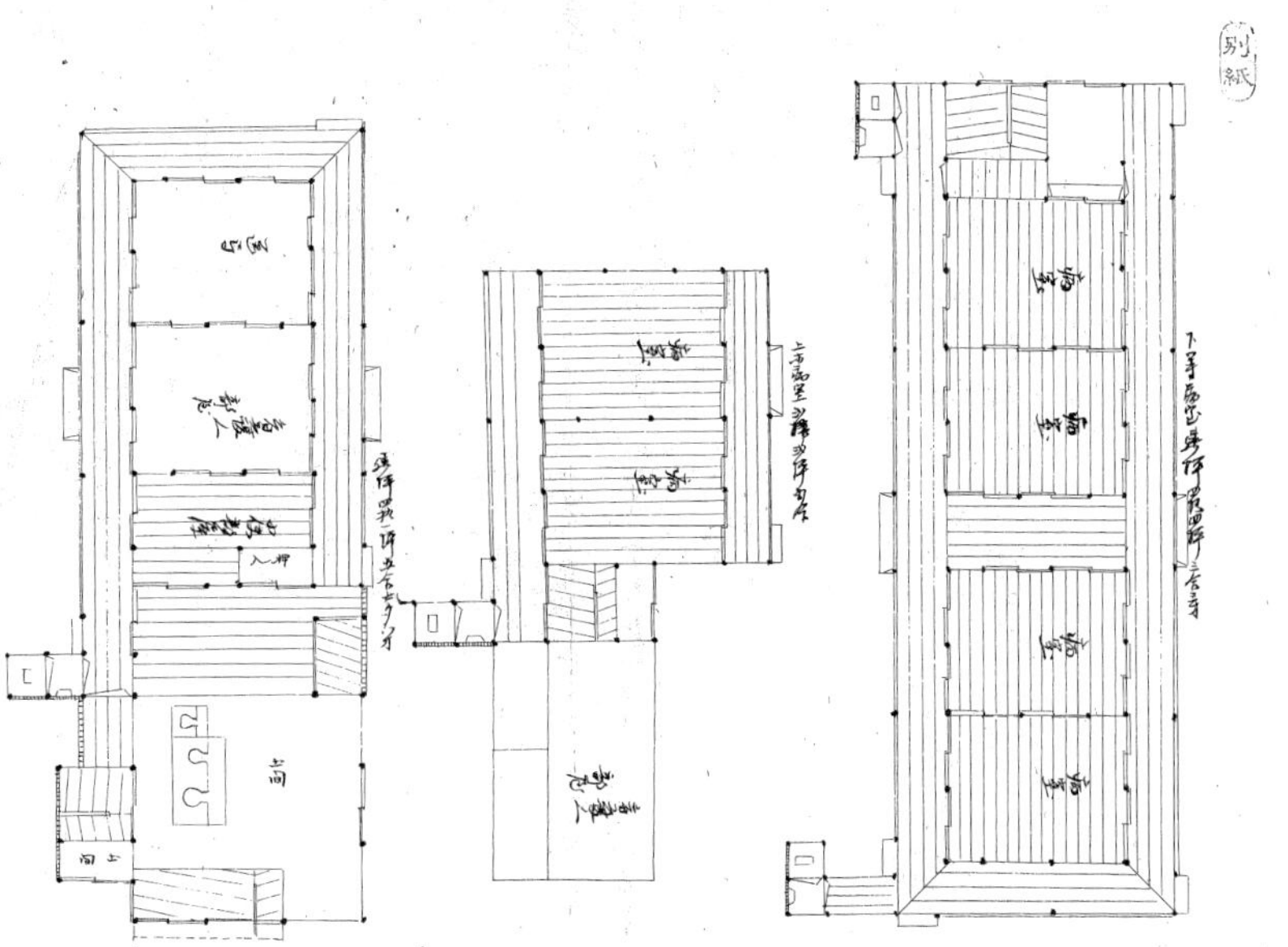

図78富岡避病院の図。
「横浜山手中村地内字山田ニ於テ清国人避病院用ノ為地所貸渡一件」国立公文書館蔵

が罹患し、三百十六人が死亡した。大阪で二百十九人が罹患し、百七十人が死亡、岡山では罹患者百四人、死者六十三人、高知で七十二人に三十人、大分で十九人に五人、京都で十五人に九人と広がって、九日には東は愛知、西は鹿児島まで広がった。

A　コレラ騒ぎは西日本が中心だが、八月十五日に愛知県千種《ちくさ》村に避病院《ひびょういん》が設置され患者が移される、という報を聞いた千種村と近隣数村が申し合わせ、名古屋の患者を追い戻し、病院を焼き払え、と千人が集まるが、警官の説得でおさまったという。その後、七月六日には東京・神奈川にも広がって全国的に大流行した。

B　大阪府はコレラ流行のために寄席類の興行を停止し、コレラ防止のため、開港場に地方検疫局を設置（以上『東京日日新聞』）、七月には寒天、ところてん、ひじき、あらめ、なんばんきび、南瓜、蟹《かに》などの販売を禁じた（『大阪日報』）。コレラは九月に終息したが、年内に十六万二千六百三十七人が死亡した。

A　掲げたのは**富岡《とみおか》避病院の下等病室と医局**（**図78**）である。各地に避病院が建てられ、規制がなされた。多くの死者が出たとなれば、これまでの経緯からして、他にも騒動がおきたはずだが。

B　巡査の暴行に「亭主もつなら巡査はもつな　巡査はコレラの先走り」と称し、七月から群馬・埼玉で避病院の設置反対、金《かな》沢《ざわ》でコレラ送りの通行をめぐる乱闘、新潟で魚類販売停止から米商の打ちこわしがおきた。このコレラ騒動は「コレラ一揆」と称された。

A　政府の対策はどう。

B　明治政府は「コレラ病予防仮規則」など関連法令を制定し、中央衛生会・地方衛生会を設置して対策を進め、患者発生の届出、検疫委員の配置、避病院の設置、患者の家の標示、交通遮断、汚物の処分禁止、清潔消毒方法の施行、患者の死体処置、官庁の予防方法などを規定した。

A　患家には縄を張り、目印の黄色い紙を張り出したため、地域から隔離されるのを恐れ、患者を天井裏に隠す例も少なくなかったという。

B　政府の対策は社会防衛、治安維持が主眼だ。患者の隔離や家や周辺の消毒は警察官が行ったわけだ。翌十三年に描かれた「流行悪疫退散の図」には、蔓延するコレラを虎の胴体の怪獣に見立て、人々が追い立てようとしている。洋服を着た男が、消毒に効果のある石炭酸を噴霧している様子が描かれている。

明治中期のコレラ

B 明治十三年（一八八〇）七月に太政官布告「伝染病予防規則」が制定され、コレラ・腸チフス・赤痢・ジフテリア・発疹チフス・天然痘の六種を法廷伝染病に指定、その予防法を定めた。

A 最初の統一的・恒常的な伝染病予防対策だ。

B 明治十五年五月の末、神奈川県下で新コレラ患者が二十人発生して避病院に入り、東京神田でコレラが発生、一人が死亡した。内務省は横浜をコレラ流行地と認定したが、五月二十九日までの横浜の患者数は百六十余人、うち九十人が死亡した（『横浜近代史総合年表』）。この事態に大阪府と兵庫県は協議し、横浜からの船舶検査を行ない、大阪の天保山《てんぽう》に検疫派出所を置いた。

A 横浜発のコレラか。前回の経験から、大阪府と兵庫県は素早く対応したわけだ。

B 六月六日、東京の石川島《いしかわ》の監獄所でコレラが発生すると、警視総監は、魚市場・劇場・馬車宿・観世《かんぜ》劇場・相撲興行に清掃を命じ、小石川から愛宕辺までの下水に消毒薬を散布した。コレラは六月九日には姫路《ひめじ》に広がったが、神奈川県では七月十日までに二百五十二人が患者になり、死者は百六十六人に達し、東京は七月二十二日までに新患者が千九百三十四人、死者千二百五十人で（『東京日日新聞』）、関東・東北を中心に大流行、年内に三万三千七百八十四人が亡くなった。

A やはり横浜を起点に全国に広がったのだ。

B 政府は七月に医療服薬を行わず、まじないや祈禱のみを治病の術とすることを禁じる内務省達を発し、コレラ対策として東京検疫局を設置、各町村には隣保組織として衛生組合が結成された。明治十九年（一八八六）四月、前年からのコレラが再び蔓延、各地に船舶検査所が設置されるなか、夏から秋にかけて大阪・広島・愛媛・新潟・神奈川・東京・秋田・青森など全国的に大流行した。

A コレラ退治に窮したことから、木村竹次郎は「**虎列剌退治**」の（**図⑲**）を描いて「虎列剌の奇薬」を紹介している。頭が虎、睾丸《こうがん》が狸の怪獣が人々をおさえつけるのに対し、衛生隊が薬を噴射し退治しようとするが、石炭酸も予防薬の宝丹《ほうたん》も効き目がない、という図である。

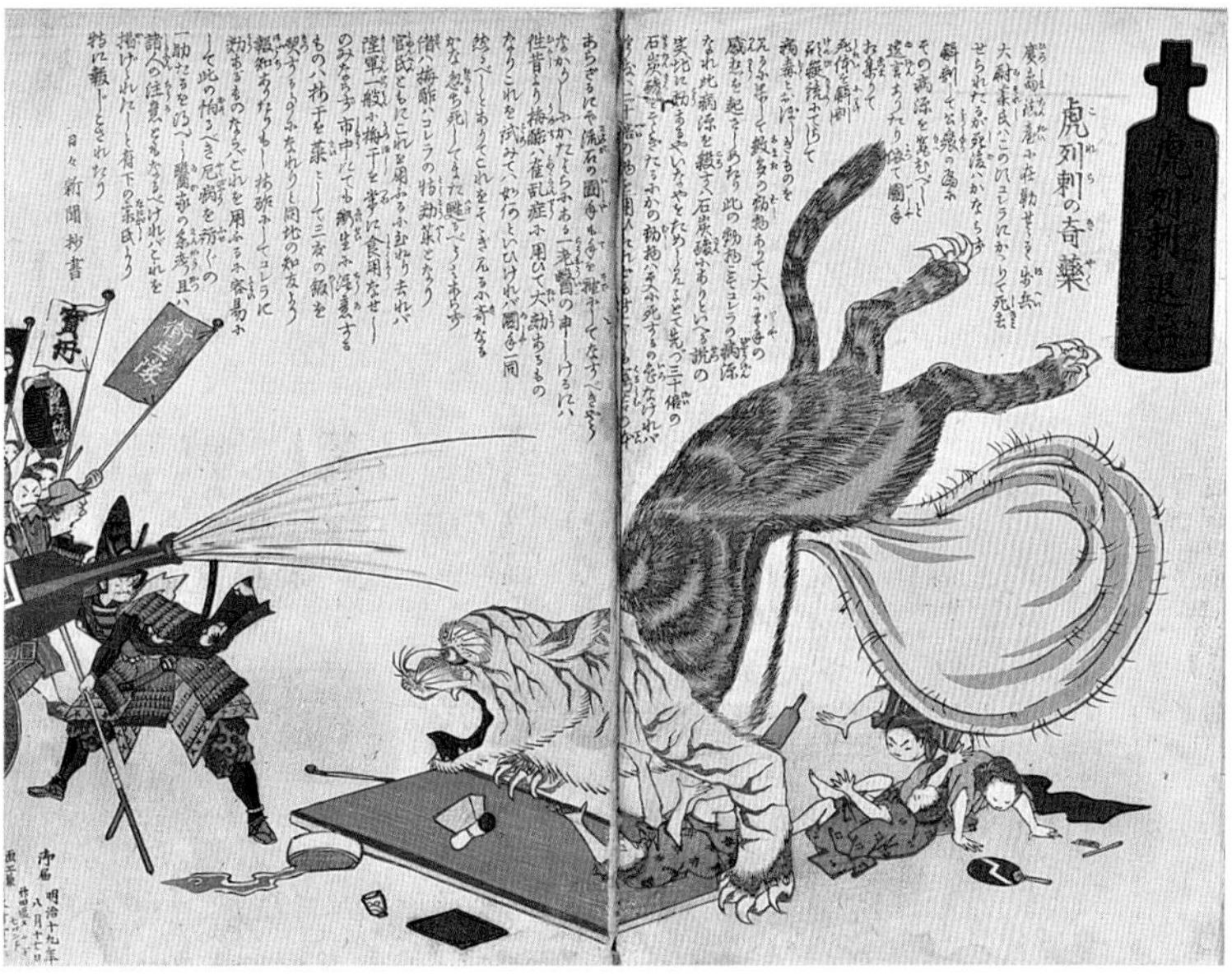

図⑲「虎列剌退治」東京都公文書館蔵

B 東京では八月二十一日から九月三日までの間、患者が毎日三百人以上で、避病院五箇所、火葬場はあふれるばかりとなり（『朝日新聞』）、全国の年内の患者数は十五万五千九百二十三人、死者は十万八千四百五人に達し、天然痘では一万八千六百七十八人、腸チフスで一万三千八百七人が亡くなった。

A　天然痘と腸チフスの追い打ちとは、惨《さん》憺《たん》たるものだね。

B　表⑧⓪は明治十九年のコレラ流行と明治十年のコレラ流行時の患者数と死者数を使府県別に記したもの。明治二十年十月、横浜の近代水道が完成し、伝染病患者は布設前の千人につき三十二人の死者に対し、布設後には十八人に減少した。

使府県	1877年	1886年	
	患者数	患者数	死者（致死率）
開拓使	128	*3	
東京	889	12,261	9,962(81.2)
京都	92	3,274	2,631(80.4)
大阪	1,636	19,768	16,013(81.0)
神奈川	1,147	5,888	3,165(53.8)
兵庫	488	6,746	5,334(79.1)
長崎	1,536	2,360	1,569(66.5)
新潟	9	9,387	5,953(63.4)
埼玉	58	919	626(68.1)
千葉	611	3,438	2,334(67.9)
茨城	60	875	544(62.2)
群馬	6	324	228(70.4)
栃木	3	559	300(53.7)
堺	224	*4	
三重	69	1,407	1,108(78.7)
愛知	6	1,163	869(74.7)
静岡	69	737	534(72.4)
山梨	28	1,170	608(52.0)
滋賀	36	409	328(80.2)
岐阜	6	349	247(70.8)
長野	3	3,940	2,282(57.9)
宮城	—	1,371	938(68.4)
福島	19	278	170(61.2)
岩手	—	520	312(60.0)
青森	24	6,565	3,775(57.5)
山形	*1	2,217	1,510(68.1)
秋田	2	4,881	2,824(57.9)

使府県	1877年	1886年	
	患者数	患者数	死者（致死率）
福井	*1	6,673	4,791(71.8)
石川	29	4,502	3,564(79.2)
富山	*1	16,271	10,764(66.2)
鳥取	*1	912	582(63.8)
島根	9	1,735	1,023(59.0)
岡山	153	2,650	1,921(72.5)
広島	86	7,625	5,451(71.5)
山口	123	3,837	2,526(65.8)
和歌山	154	3,079	2,236(72.7)
徳島	*1	952	642(67.4)
愛媛	126	5,463	2,957(54.1)
高知	108	1,832	1,249(68.0)
福岡	644	1,629	1,173(72.0)
大分	155	1,542	934(60.6)
佐賀	*1	1,339	911(68.0)
熊本	1,698	480	288(60.0)
宮崎	*1	22	16(72.7)
鹿児島	1,081	48	28(58.3)
沖縄	*2	1,592	1,034(64.9)
北海道	*1	2,933	2,151(73.3)
陸軍兵士	2,062		
海軍管人	74		
三菱船中	59		
合　計	13,760	155.923	108,405(69.5)

表⑧⓪『衛生局第三次年報』第三表甲号（『内務省年報・報告書』第五巻、三一書房復刻版1983年）、「大日本帝国内務省第二回統計報告」より作成。 各患者数の合計値は合致しないがそのままとした。
＊1は1877年未成立。＊2は1881年成立。＊3は1869年に設置され、81（明治14）年2月廃止、86年北海道庁が開設。＊4は1881年廃止、大阪府に合併。

インフルエンザとコレラ

B　明治二十三年（一八九〇）二月、インフルエンザがアメリカから神戸《こうべ》・横浜に上陸し、二月中に横浜居留地の外国人感染者が二十人となり、全国的に流行して人々は「お染《そめ》風邪」とよんだ。お染久松《ひさまつ》の歌舞伎で、恋人の久松が不在なこと示す「久松るす」と書いた紙を玄関に貼り、お染風邪の侵入を防ごうとしたものという。

A　山中共古《やまなかきょうこ》の『甲斐の落葉』には、このインフルエンザの大流行について「をそめ風邪といへり、染めるとの意ならんか。お染といへるより、お染の情人久松をしたひた来たるとのかんがへより、久松留守なれば、おそめ風邪も入りこまぬと思ひて、戸口へ久松留守と書き、張りたる家多くありたり」と記している。

B　同年六月、長崎でコレラが発生、九州・中国に伝播し、大阪・東京より次第に関東の諸府県に蔓延した。猖獗を極めたのは赤間関《あかまがせき》と大阪で、次いで長崎と福岡県の遠賀《おんが》郡だった。全国患者の総数は四万六千六十八人、死者は三万五千二百四十八人となった（『虎列刺病流行記事』）。十二月にはインフルエンザが再度流行した。

A　ここでもインフルエンザとコレラの二重苦だ。

B　明治二十五年正月から天然痘が流行、最も盛んなのは東京・神奈川・栃木で、発疹チフスや赤痢も流行した。天然痘の流行する季節は十一月から三月にかけてで、今年もこの季節におこり、東京で八百七十七人が罹り、死亡は百六十九人、下神田は患者が最多数で二百九十人の患者、死亡五十人で（『東京朝日新聞』）、全国の患者は三万三千七百七十九人、死者は八千四百九人に達した。

A　今度は天然痘の流行か。

B　明治二十六年十月に勅令「地方官官制」が改正され、衛生事務が警察部の所管となり、東京府では内務部第三課の所管になった。この年も天然痘が流行、四万千八百九十八人が罹患し、四万千二百八十四人が亡くなった。明治二十七年、前年末の赤痢が流行し、十六万七千三百五人が罹患、四万千二百八十四人が死亡、天然痘も引き続き流行、患者は四万千八百九十八人、死者は千八百五十二人となった（『医制八十年史』）。

A　ベルツの日記を読んでいたら、この年三月十日に駒込の天然痘病院を訪れたところ、四百名の患者で、日に五十名の患者があるのに、八名の医師と二十名の看護師だけで、しかも冬なのに破れ障子のバラック、ひどい、醜態だ、東京市は何をしているのか、貧しい人を収容する病院が一つもない、と記されている。病院の体制は整っていなかった。

B　明治二十七年（一八九四）七月、日清戦争が勃発すると、横浜港の船舶検疫は横須《よこす》賀《か》軍港近くの長浦《ながうら》から横浜郊外の長浜《ながはま》に移された。十二月にジフテリアの血清療法が伝染病研究所で開始され、翌年まで三百二十二人を治療した。

A　ジフテリアの治療は初めてだ。

B　明治二十八年、戦争の凱旋兵の帰国前、臨時陸軍検疫部事務官長の後藤新平《ごとうしんぺい》は、似《にの》島・彦《ひこ》島・桜《さくら》島に検疫所建設を指揮、検疫兵の訓練、検疫従事者の待遇改善、凱旋兵の教育、発病者の停留舎設置を行い、四か月の検疫実施によって二十三万二千三百四十六人のうち検疫所通過者は十六万九千余人で、帰途中のコレラ発症者は三十七人に留まった。

A　西南戦争の検疫の経験から学んだものだ。

B　それでも軍隊でコレラが発生して全国に流行、四万百五十四人が亡くなった。赤痢と腸チフスも流行し、それぞれ一万二千九百五十九人、八千四百一人が亡くなる。日清戦争帰還者からは回帰熱が発生し、翌年、関西に流行した。

A　コレラの猛威は続いているね。『甲斐の落葉』には、多数の**「山梨県の門守り」**（**図81**）43が描かれている。甲府の二十人《にじゅうにん》

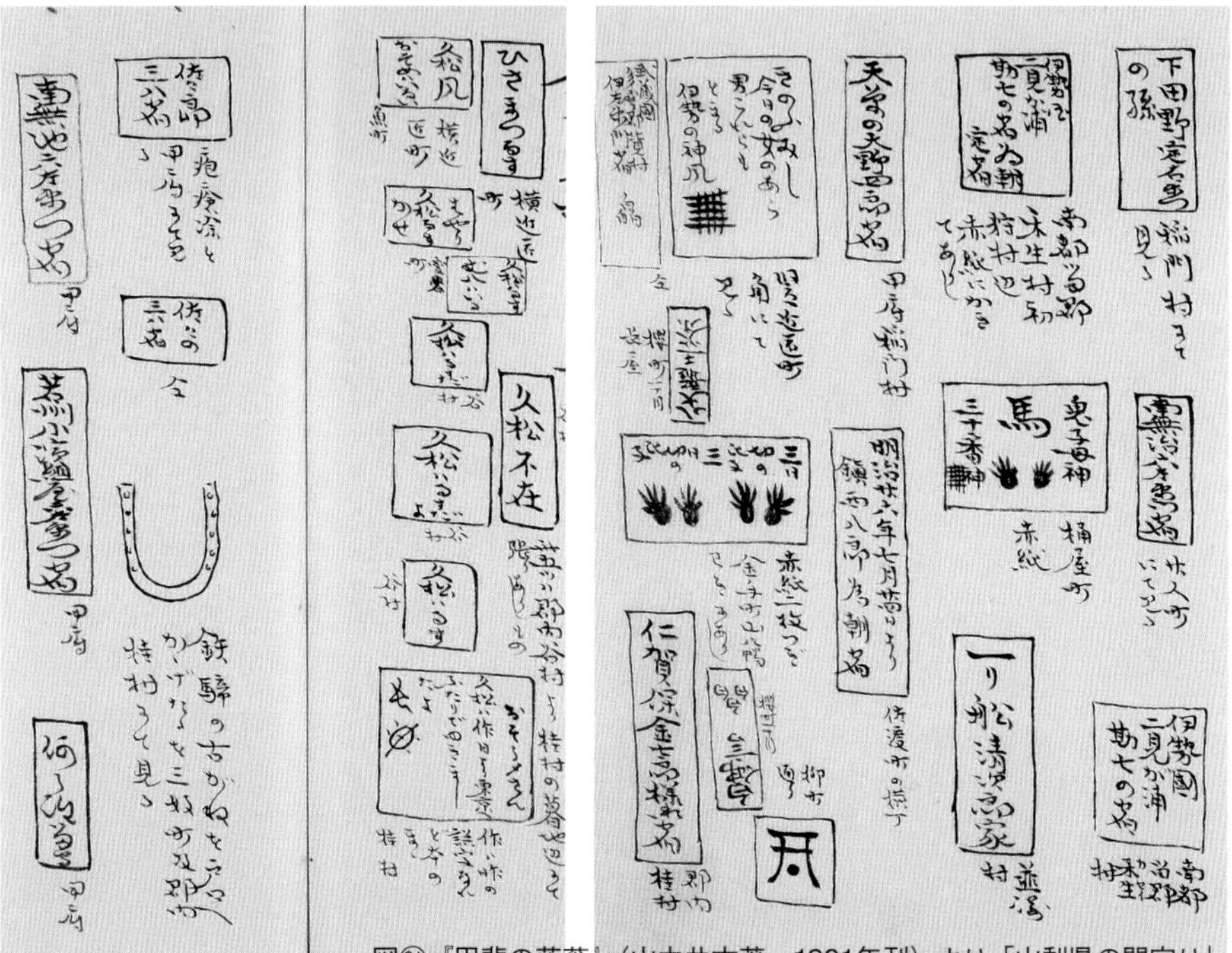

図81『甲斐の落葉』（山中共古著、1901年刊）より「山梨県の門守り」

図82ペスト発生地の家を焼き払う（横浜毎日新聞1902年11月1日）

町の「南無治六左衛門宿」、同佐渡《さど》町の『鎮西八郎為朝宿』、谷村《やむら》の「久松不在」、郡内桂村《かつら》の「仁賀保金七郎様御宿」など三十もの札が描かれている。

明治後期の疫病

B　明治二十七年（一八九四）に始まった日清戦争の勝利で、巨額の賠償金を得た日本政府は軍備拡張を進め、鉄道や紡績で企業が勃興、資本主義が成立するなか、明治二十九年、赤痢が流行して二千二百三十五人が死亡、腸チフスでは九千百七十四人が亡くなった。

A　いよいよ経済の時代だ。

B　明治三十年四月に「伝染病予防法」が公布され、コレラ・赤痢・腸チフス・天然痘・猩紅熱《しょうこうねつ》・ジフテリア・ペストの八種伝染病を指定、各地に自主的に設置されていた衛生組合が法制化され、市町村に予防医院、府県に検疫病院を設置、防疫制度が完成した。

A　明治三十二年十一月五日、日本初のペスト患者が発生、大阪・兵庫・広島・福岡・和歌山・長崎・静岡で六十二人が罹患し、四十五人が死亡した。中央衛生会は緒《お》方正規《がたまさのり》・中浜東一郎《なかはまとういちろう》・北里柴三郎《きたさとしばさぶろう》を派遣、大阪を中心に翌年にかけて流行した。

B　明治三十二年度の歳出計上は一億三七五九万四一七円で軍事費が三十四％だが、衛生伝染病関係費はわずか〇・二四％、輸出貿易の三割弱を占める生糸類六二六二万七七七二円と、ほぼ同額が軍事に投下された。

A　軍事費の圧倒的な優位性と近代上下水道の不備のもと、伝染病は、防御の手薄な日本に襲来し、多くの生命を奪った。

B　政府は官営軍事工場の拡充を進め、鉄鋼の国産化をめざし、明治三十四年（一九〇一）に八幡《やはた》製鉄所を設立し、日露《にちろ》戦争の頃に生産を軌道にのせるなか、明治三十五年（一九〇二）十月二十九日、横浜でペストが発生、発生地の海岸《かいがん》通りの家屋十九棟十二戸を買い上げて焼却した。**図82**はこの時のペスト患者の家と、周辺家屋の焼き払いの風景である（**『横浜毎日新聞』一九〇二年十一月一日**）。

A　十二月二十四日に東京でもペスト患者が発生、この二十五日、駒込病院では横田《よこた》利三郎、二木健一《ふたきけんいち》、大滝潤家ら三人の医師がペスト対策にあたった。患者が本所病院に収容すると伝えられると、横田は二木らに先着して、女工員の患部の切開手術を施したが、その際、切断した血管から血液が飛散、予防眼鏡をはずした横田の顔面に跳ねかかり、消毒したもののペスト菌のため、一月七日に横田は発熱、十四日に息を引き取る痛ましい事故が起きた（『明治の避病院』）。ペストは翌年春まで流行した。

B　明治三十六年秋に静岡県沼津《ぬまづ》町（現沼津市）の新玉神社境内に信徒らが碑を立てたが、その碑には、安政のコレラ流行にあたって、新玉の神が著しい神秘をあらわしたことから、「郷人市河氏」がその霊験を感じ社殿を建てたところ、「里漢山田氏亡婦」が神の託宣を受け、以来、多くの信徒を集めてきたと記されている。安政のコレラの記憶が浮かびあがってきた。

A　この明治三十六年発行の『俳諧新潮』に、尾崎紅葉《おざきこうよう》は「一家族格列拉を避けし苫屋かな」の句を載せている。

B　明治三十七年（一九〇四）に日露戦争が開戦、翌年まで戦いが続いたが、両国とも戦争遂行が困難になり、講和条約を結んで、日本は多くの利権を得ると、それを守ると称し、大陸に侵出していった。十一月六日、神戸市でペスト患者が一人、その年から四十一年にかけ、神戸・大阪両地域でペストが流行。患者は二千百六十三人、死者九百八十一人、四十年に最多の三百二十人が死亡した。

A　明治四十四年（一九一一）の北原白秋《きたはらはくしゅう》の詩集『思ひ出』の「夕日」に「まるで葡萄酒のやうに　漁師原に鶏頭が咲き、街には虎刺拉が流行ってる」とあり、詩にもコレラは歌われた。

B　大正三年（一九一四）二月、東京で発疹チフスが発生し、各地で流行、年末までに死者百十七人、各地に拡大して七千三百九人が罹患、千二百三十四人が死亡した。医療従事者にも殉職者が続出。四月に東京でペストが流行、年末までに四十一人が死亡した。

A　この年の高浜虚子《たかはまきょし》の句に「コレラ船いつまで沖に繋り居る」「松原やコレラを焼きに船の人」「紫陽花にはやるうともなきコレラかな」がある。

B　大正五年（一九一六）七月二十七日、横浜に入港した布圭丸《ふけいまる》の乗客にコレラが発生、全国に拡大、この年の患者は一万三百七十一人、死者は七千四百八十二人に達した。

A　大正七年の杉田久女《すぎたひさじょ》の句に「コレラ怖ぢ蚊帳吊りて喰ふ昼餉かな」がある。

スペイン風邪の到来

B　いよいよスペイン風邪の到来だ。君も手伝ってよ。大正七年（一九一八）八月下旬から九月上旬に勢いを増し、十月上旬に熾《し》烈《れつ》となり、数旬の内に全国に蔓延、十一月に猖獗を極めた。発生が早いのは、神奈川・静岡・福井・富山・茨城・福島で、前後して埼玉・山梨・奈良・島根・徳島の諸県を襲い、九州では九月下旬から十月上旬にかけて熊本・大分・長崎・宮崎・福岡・佐賀を襲った。

A　十月中旬に山口・広島・岡山・京都・和歌山・愛知を侵し、同時に東京・千葉・栃木・群馬など関東方面に蔓延、十月下旬は北海道に、十一月上旬に沖縄に及んで、十二月下旬に下火になるが、翌年初春に再び流行した。

B　大正七年八月の初発以来、八年正月十五日までの概数は患者約千九百二十十三万六千人余、死者は実に二十万四千人余で、患者は人口の三分の一に達し、死者は人口千に対し三・五人の高率に及ぶ。患者百人に対する死亡は一・六人と比較的低いが、罹患者が多数なため死亡者も稀《まれ》に見る惨害を蒙《こうむ》った。

A　多くは交通頻繁な都市に発し、放射状に周囲の村落を侵襲、市内では学校児童の欠席が増加、工場職工らの欠勤が続出、病毒は全市に瀰漫《びまん》し、数日にして全市民の大半を襲った。流行時には学校・工場などは一時閉鎖した。

B　交通機関の発達する地方では、旅行の期間が短く三旬を出ずに病状が衰退した所もあったが、交通不便の地方では十二月末にようやく患者が減退した。ところが、翌年二月の酷寒の時期に再び流行が猛烈になり、流行性感冒肺炎を起こし斃《たお》れる者が少なくなかった。発生患者数は一月後半に四十九万六千人、二月前半にはさらに五十一万六千人に上り、二月後半にはやや減少したが、なお三十八万四千人を数えた。

A　地方では医師・看護婦が不足し、治療材料が欠乏、人心が不安な状態にあったが、三月以来病勢は減退し、三月の患者数が三十八万、四月は十八万、五月は三万七千人となり、六月には僅かに八千人に減じ、六月下旬から七月に至り流行は終息をみた。

B　患者の比率は、七年の流行期には百人に対し死者は一人強であったが、一月末より二月初旬に二人弱に上り、二月下旬から三月に至って三から三・七人に、四月には四・九人の高率に達し、五月からやや低下したが、なお四%の高率であった。

A　初期には虚弱者、老幼者を除いて死亡者は少なかったが、流行とともに病状が悪変し、肺炎を併発、強壮者も斃れる者が少なくなく、種々の後発症により死に至る者が多数であった。死亡率は他の伝染病と比べてむしろ最下位であったが、伝染力が猛烈で、患者が頗《すこぶ》る多数であった。

B　調査の結果、患者の総計は二千百十六万八千三百九十八人、最大は東京の百四十二万千九百八十人、次が愛知の百二万九千五百三十人、続いて兵庫・静岡・埼玉。鹿児島の諸県でも七十万以上、最も少ないのが沖縄で十万、高知・石川も十五万を出なかった。最も多数の死者を出したのは、兵庫の一万四千七百三十人、次が東京の一万三千五百七十四人で、一万人位以上出したのが大阪、埼玉。最も少ないのが高知の九百二十四人で、死亡比率は各府県で差異は少なく全国平均が一・二二%、石川が二・七四%で最高、高知が〇・六三%で最低であった。

A　いやあ、今回のコロナ禍とよく似ているね。驚いた。スペイン風邪が日本に侵入したのは、大正七年五月上旬に南洋《なんよう》方面から横須賀に寄港した軍艦で、二百五十名の患者、同年九月に北米から横浜に寄港した船舶に多数の患者があり、陸上に伝播したが、これが初めてかどうかはわからない、という。インフルエンザの侵入経路を特定するのは難しいようだ。

B　スペイン風邪とともにマスクが流行した。配布された**ポスター**（**図83**）には、マスクをして電車に乗る男女が描かれている。「手當が早ければ直ぐ治る」の**ポスター**（**図84**）には、「流行性感冒！」と夫が頭を抱えて苦しみ、妻が体温計を手に病院に電話し、窓から「風の魔人」が室内を覗《のぞ》いている。なお感染ルートにあげられている神奈川県では二万九千三百四十八人が罹患し、七百二十七人が亡くなった。

A　以上は公式の報告だが、『上毛新聞』は十月三十日に「悪性感冒益々猖獗す」「余病を併発した死亡率が急激に増加す」「火葬場においては棺桶を積み置き」と書き、『高知新聞』は十一月六日に「悪感冒の産む悲惨」「下層階級は生活上に大打撃、救済機関設置の急務」、『東京朝日新聞』は翌年二月三日に「入院は皆お断り」「医者も看護婦も総倒れ」「赤十字病院は眼科全滅」と伝えた。

第二波、第三波

B 第二波は大正八年（一九一九）にやってきた。寒さに向かう頃、神奈川・三重・岐阜・佐賀・愛媛などで流行が再燃、十一月に東京・京都・大阪を始め、茨城・福島・群馬・長野・新潟・富山・石川・鳥取・静岡・愛知・奈良・和歌山・広島・山口・香川・福岡・大分・鹿児島・青森・北海道に相前後して散発性流行を見、他の諸県も漸次流行した。

A 今回の流行は前回の病毒が残存したもので、気候の変化で呼吸器を侵された者が多く、感染者の多数は前回の流行を免れた者に多い。病性は比較的重症で、再燃したものはだいたい軽症である。流行地は前回に激しくなかった地で激しい流行があり、激しかった地は微弱であったが、一、二県を除いて流行し、翌春正月に猖獗を極め、多数の患者を出したが、三月から終息しだし、六、七月に終息した。

B 患者数は前回の約十分の一に過ぎないが、その病性は遥かに猛烈で、死亡比率は高く、三、四月には十％以上に上り、平均五・二九％で前回の四倍半であった。翌大正九年六月、神戸でコレラ患者が出て、以後、大阪・東京へとひろがり、「大阪以西既に六百四十四人の患者を出して、五、六十人の新患者」がでた（『東京日日新聞』）。ペストが流行し、六、七人が死亡したが、これが国内での最後の流行となった。

A 第三波は八月上旬に福岡・高知に、同下旬に兵庫に初発し、他の地域は九月中・下旬に初発、症状は普通の感冒と同程度で、前ほどに流行しなかったが、気候の変化とともに漸次増加し、十一月下旬から十二月

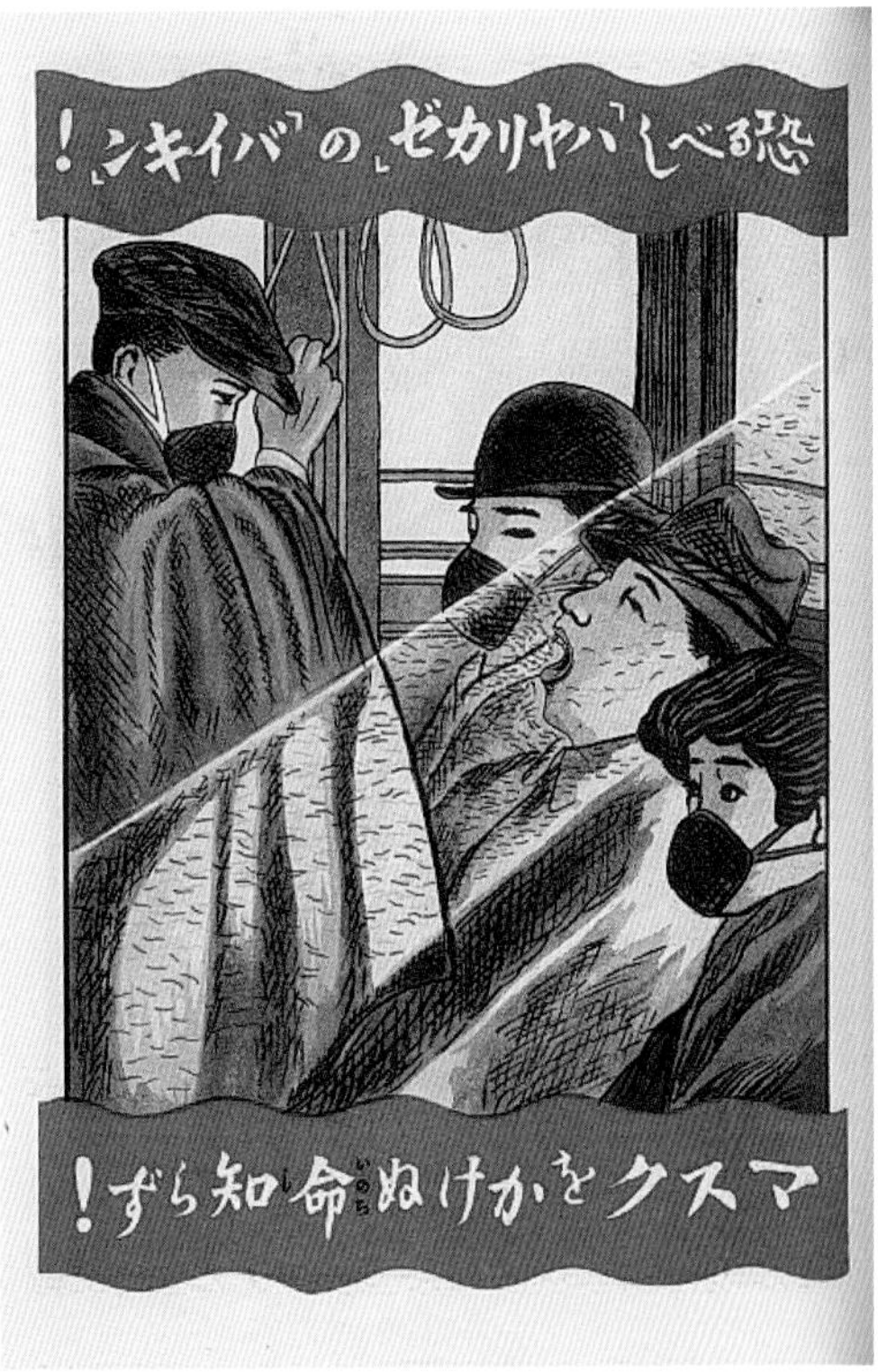

図83 マスクをして電車に乗る男女。内務省衛生局編『流行性感冒』（大正11年）より。国立保健医療科学院図書館所蔵

図84「手當が早ければ直ぐ治る」ポスター（同上）

上旬に至って広く諸県にわたるが、甚だしい流行とはならなかった。症状も悪性を帯びず、肺炎を併発するものは稀《まれ》で、大正十年正月に患者発生数は増加したが、四、五月より数を減じ、六、七月に終息した。
B　三波の感冒により、総計二千三百八十余万の患者、死者三十八万八千余人を出し、人口の約四十三%が罹り、約〇・七%が死亡したことになる。これの予防のために1、予防心得の印刷物・絵画の配布、2、マスク使用を奨励し、得られぬ人には給与、感染の恐れある場でのマスク着用を求め、3、劇場・寄席・活動写真館などの入場者、電車・乗合自動車の乗客には、流行の状況で、呼吸保護器をつけない者には、入場・乗合をせぬよう、適切な方法を講じるとした。
A　4、流行地での多数の衆合を避けること、5、うがいと予防接種に心掛けること、6、頭痛・発熱、身体に異常がある時は医師の診療を受け静養すること、7、患者は隔離し全治にいたるまで外出を遠慮させること、8、療養の方法がない者には相当の救療の方法を講じること、9、市町村の伝染病院または隔離病舎の利用を検討しておくこと、10、以上の事項を実行するため、地方団体・衛生団体・救療団体、学校、会社、工場その他の公私団体、篤志家に活動を促すことにした。
B　これらを実施するために地方長官を督励し、内務省では予防に関するポスターを考案して地方庁に配布し、各種の予防施設の視察・督励のために本省の吏務員を各府県に特派し、予防事務員の職務感染者に手当て方法などの方法を訓令した。**そのポスターの一つ**（**図85**）に「「テバナシ」に「セキ」をされては堪らない」「「ハヤリカゼ」はこんな事からうつる！」がある。
A　各府県での対策も詳述され、例えば大阪府では、市内各区に各一箇所の無料診療

図85スペイン風邪に関するポスター（P.103と同）

（面表）

診療券

住所
氏名
年齢
交付所名
指定診療所
大阪市衛生課

（面裏）

注意《ちうゐ》
本券《このふだ》は主《おもに》として感冒《かぜ》に罹《かゝ》りたる者《もの》に対《を》し診療《みる》するものとす
本券《このふだ》は大正九年二月末日まで有効《ゆうこう》とす
診療《てあて》は毎日午前《まいにちあさ》十時《じ》より午後《ひる》三時《じ》迄《まで》とす

図86大阪府の発行した診療券（復元）

所を設け、**診療券**（**図86**）を与え、予防接種を行うこととし、医師二名、看護婦などを配置、医療器械や薬品を備え、救療完備を期して府市医師会の援助を受けるものとしたのであるが、宮城・島根・岡山・広島・奈良・高知・宮崎県については対策が取られていないなど、全国的な対策はとられなかった。

B　二回の流行後には、防疫官を欧米に派遣し、施設状況を視察報告させ、衛生局に予防方法に関する内外の学説を調査させ、各地学者・専門家の意見を聴取した。予防については、内務大臣が訓令を出し、学会では病原体について議論がなされ、意見の一致を見なかった。

以上は、大正十一年（一九二二）刊行の内務省衛生局編『流行性感冒』による所見であるが、学会での病原体についての議論は、北里柴三郎の設立した北里研究所がインフルエンザ細菌原因説を唱え、東京帝国大学伝染病研究所がこれに反対を主張、意見の一致を見なかったという。

A　新聞がどう伝えていたのか見てゆくと、『東京朝日新聞』は、二十年一月二十三日に「この恐ろしき死亡率を見よ」「流感の恐怖時代襲来す」「咳一つ出ても外出するな」、『神戸新聞』は一月二十三日に「場合によっては隔離、団体的に廉《やす》いマスクを造れ」と求めていたが、同二月三日には「市民は最早流感を忘れ、マスクをかける人は少なくなった」「文明国中此れ程生命を愛しない国民はない」と、ぼやいている。

B　今も変わらない忘れっぽい国民だ。

スペイン風邪と文学者

A　与謝野晶子《よさのあきこ》は第一波の十一月に『横濱貿易新報』に「感冒の床から」を発表し、「政府は、なぜ逸早くこの危険を防止する為に、呉服店、学校、興行物、大工場、大展覧会など、多くの人間の密集する場所の一時的休業を命じなかったのでしょうか」と政府の対応を批判したが、政府はどうして緩慢な対応になったのだろうか。

B　時の首相の寺内正毅《てらうちまさたけ》が米騒動の責任をとって九月に辞任、その跡の「平民宰相」原敬《はらたかし》は、第一次世界大戦後の軍備増強に熱心に取り組んでいて、しかも感冒にかかってしまうなど、政府の動きが鈍く、内務省は、米騒動が起きたことから暴動が起きるのを警戒していた。だが、最も大きい要因は、第一次世界大戦が終わり、大戦景気が到来、運送業・造船業は空前の好況で、経済を優先したことにある。

A　経済優先についても、今回のコロナ禍の状況とそっくりだ。

B　自治体に督励するのも全く同じ。この時期の著名な感冒の犠牲者には、宮家の竹《たけ》田宮恒久《だのみやつねひさ》王、官僚政治家の末松謙澄《すえまつけんちょう》、建築家の辰野金吾《たつのきんご》がおり、文学者では評論・新劇指導者の島村抱月《しまむらほうげつ》がいる。抱月は芸術座の松井須磨子《まついすまこ》が同病で臥せた時に手厚い看護をしたが、それにより感染したものか、飛沫が感染《うつ》って亡くなり、このため須磨子は自死した。

A　宮澤賢治《みやざわけんじ》は、大正八年一月四日付書簡で、妹トシの病が腸チフスではなく「割合に頑固なるインフルエンザ、及肺尖の浸潤によるものにて」と、専門医の診断を受けたが、この医者がかつてペスト治療に当たった二木謙三《ふたきけんぞう》である。書簡の末尾に「私共は病院より帰る際は予防着をぬぎ、スプレーにて消毒を受け、帰宿後塩剝にて咽喉を洗い候」と記しており、予防に気をつかっていた。病のトシは治って永楽病院を退院、故郷の花巻《はなまき》に帰った後、大正十一年に亡くなると、賢治は深く悲しみ、「永訣の朝」「松の針」「無声慟哭」を書いた。

B　菊池寛《きくちかん》は、「マスク」に「自分は極力外出しないやうにした。妻も女中も成るべく外出させないようにした。そして朝夕に過酸化水素水で含嗽《うがい》をした。止むを得ない用事で、外出する時には、ガーゼを沢山詰めたマスクを掛けた」「毎日の新聞に出る死亡者数の増減によって、自分は一喜一憂した」。「三月に入ってから、寒さが一日々々と、引いて行くに従って、感冒の脅威も段々衰へていった。もうマスクを付ける人は殆どなかった。自分はまだマスクを除けなかった」

A　三月の終わりごろまではマスクを捨てなかったが、停留場の待合室の乗客のなかに、一人黒い布片で鼻口を掩《おお》う人を見出すと、非常に頼もしい気がし、ある種の同志で知己であるような気がしたが、五月にもなると、感冒の脅威から脱け切れないことが、堪らなく不愉快であった。もうマスクを付ける気はしなかった。

　五月の半ば、野球場に行った時、青年が思いがけなくも黒いマスクをかけているのを見て、不愉快に、憎悪を感じたが、それは「強者に対する弱者の反感」と思うようになり、「自分が世間や時候の手前、やり兼ねて居ることを、此の青年は勇敢にやって居るのだと思った」。

B　志賀直哉《しがなおや》の「流行感冒と石」は、「流行性感冒が我孫子《あびこ》の町にもはやってきた。私はそれをどうにかして自家に入れないやうにしたいと考えた」、小学校の校庭での芝居興行に女中に行かぬよう示すと、石《いし》は行かぬといったが、夜芝居に行ったことがわかり、解雇しようとしたが、その石が、「四十度近い熱は初めて」の直哉を看病し、直哉がうつした妻をも看病してくれた。

A　菊池寛も志賀直哉も、感性豊かなせいか、神経質で流感にビクビクしていたことがわかる。内田百閒《うちだひゃっけん》の『実説艸平記《そうへいき》』は、眼鏡屋の主人が「はあはあ」していたので、スペイン風邪かなと思っていたところ「果たしてその翌日から、猛烈なインフルエンザの熱が出て、到底四十度を越しただけでなく、家中の者が皆感染して大変なことになった」と記す。

B　芥川龍之介《あくたがわりゅうのすけ》の俳句に「胸中の凩《こがらし》咳となりにけり」「凩や大葬ひの町を練る」「思へ君庵の梅花を病む我を」があり、斎藤茂吉《さいとうもきち》の和歌に「寒き雨まれまれに降りはやりかぜ　衰えぬ長崎の年暮れむとす」「はやりかぜ一年《ひととせ》おそれ過ぎ来しが　吾は臥せりて現ともなし」「くらやみに向ひてわれは目を開きぬ　限もあらぬものの寂《しず》けさ」がある。

昭和の疫病

A　大正十一年（一九二二）十月月上旬、コレラが発生し、千葉県が漁業出荷を禁止し、四日に東京魚河岸が五日間休業した。五日に東京湾・隅田《すみだ》川の漁業を禁止して以降、各地で漁業禁止となった。十三年に横浜の十全病院が関東大震災で移転していた野毛山から南吉田《みなみよしだ》町の避病院跡地に応急の建物を建て、診療を開始した。十四年九月には、コレラが東京で蔓延の兆があって、東京・横浜医師会が街頭に出て、無料予防注射にあたった。

B　予防注射で疫病対策にあたるようになったんだ。

A　大正十五年六月に横浜北方《きたかた》町でペストが発生し、患者は九人であった。昭和二年（一九二七）八月に横浜山下《やました》町にコレラが発生し、昭和三年正月、前年末からの流行性感冒が増加し、三十七万人が罹患。四月には天然痘が東京から大阪にかけて流行、全国で七百二十三人が感染し、百人が死亡した。

　大規模な疫病は十年ぶりで、昭和十九年（一九四四）の間までは最悪の数字となったというが、これだけで済んだのは、マスクを付ける習慣が広がり、予防注射の実施などによると考えられる。

B　昭和六年（一九三一）、流感が蔓延し、東京で八十三人が罹患、昭和十年に川崎《かわさき》市で赤痢が発生し、二週間で患者が千二百八十人、死者は七十人に達した。昭和十二年に保健所法が施行された。

A　これにより地域医療の体制が整ったことになる。

B　昭和十二年に福岡県大牟田《おおむた》市で水道汚染による赤痢が大流行、十三年に内務省衛生局が独立した。昭和十七年に医療衛生関係者を包含する神奈川県国防衛生隊が組織された。

A　戦時における疫病対策が本格化し、流感の流行は久しくなかったことがわかる。同年に長崎でデング熱が流行、横浜市戸塚ではチフスが蔓延、四十万人が罹患した。

昭和敗戦後の疫病

B　昭和二十年（一九四五）、太平洋戦争が終わり、翌年の広東からの引揚船でコレラが発生し、二か月間、海上隔離され、ほかにも引揚者による天然痘、ジフテリア、発疹チフスなどが流行し、DDTが強制散布された。発疹チフスは三万二千三百六十六人が罹患し、三千三百五十一人が死亡という。

A　内地では比較的流行がなかったが、戦地では流行していたことがわかる。戦争が終わり、引揚船でチフスを持ち込まれたのだが、僕は、小学校の頃にDDTを頭や背中に散布された覚えがある。

B　そのDDT散布は効果がなく、むしろ体に害のあることが後にわかった。昭和二十二年に後に国立感染症研究所となる国立予防衛生研究所が開設され、感染症の研究とその対策にあたることになった。昭和二十三年十一月、京都・島根で無毒化の不完全なジフテリアのワクチン接種に八十四名が死亡する事件が発生、百日ぜきワクチン禍事件も発生、六十五人が被害を受けた。

A　いよいよワクチンの接種が始まった。

B　昭和二十五年一月に横浜市内の自由労働者が発疹チフスで四百十七人がかかり、二十一人が死亡した。この頃から赤痢が各地で発生し、横浜では八月に赤痢患者が三百四人となり、すべての川で遊泳禁止となった。

A　そうそう、僕が母親に言われたのは、生ものをたべるな、ということだった。桃やブドウも食べるなといわれたが、こっそり食べた記憶がある。

B　横浜の十全病院が横浜医科大学病院を経て、昭和二十七年四月に横浜市立大学医学部設置にともない、横浜市立大学病院となった。

A　それもあってか、今回のコロナ禍で横浜港に停泊中のクルーズ船に患者が生まれた時に、対応がすこぶる早かったのは。

B　昭和三十年（一九五五）にインフルエンザが大流行し、厚生省は流感対策本部を設置し、ワクチン二十万人分を用意、患者は二万八千五十八人、死者は七十九人にのぼった。三十一年に流行したインフルエンザでは、横浜の多くの学童が欠席し、学校が休校になった。

A　インフルエンザが冬になると流行する季節性と、大流行性の二つの型になった。

B　同三十二年五月にインフルエンザが大流行、「アジア風邪」と呼ばれ、二月に中国雲南《うんなん》で発生し、四月に香港《ホンコン》で発症、東南アジア、日本、オーストラリア、アメリカ、ヨーロッパに広がる世界的流行となった。ウイルスのタイプはAH2N2型で、五十歳以上の人は抗体を有していて、五十年以上前に流行していたと見られ、日本では三百万人が罹患、五千七百人が死亡した。

A スペイン風邪との違いはどこにあるの。

B これだけの数に収まったのは、一つに医学の進歩によってインフルエンザウイルスの生物学的特性が明らかになったこと。抗体検査でウイルスの型がわかるようになったこと。もう一つは国際的協力体制が整備され、WHOの主導のもとで世界的規模のインフルエンザ監視ネットワークが組織されたこと。ただ検疫体制は強化されたが、実質的な効果はほとんどなかったという。十一月には日本でワクチンの生産が開始された。

コラム6

コレラの俳句と疫病除け郷土玩具

流行性感冒の歌については幾つか見たが、コレラの歌はその恐れからもっと多くあって、晩夏の季語ともなっていた。そのコレラの俳句を掲げる。

浦人やコレラを焼きに松三里　柴浅茅《あさじ》

コレラの家を出し人こちへ来りけり　高浜虚子

白砂青松浦ありコレラなかりけり　松根東洋城

コレラ出て佃祭りも終わりけり　松本たかし

コレラ禍の西へ夜行の抱寝の母子　伊丹三樹彦

日覆してコロリの船の恐ろしさ　萩原麦草

舷梯をあげてかかりぬコレラ船　日野草城

誰にでも見らる遠くのコレラ船　葉山宗太

郷土玩具の疱瘡除け玩具には、会津地方の「赤べこ」や「鯛車」「鯛金」（鯉抱き金太郎）、熊金（熊乗り金太郎）などがあり、双方とも赤く塗られていた。赤べこの頭は、胴体内に差しこまれる部分が振り子状になっており、顔の部分が軽く触れると、上下左右に揺れ動き、ユーモラスな動作を見せてくれる。正徳三年に会津地方で天然痘が蔓延した際に子どもが罹らないように祈願して作られるようになったという。

近江湖南《こなん》地方に伝わる「草張子猩猩」は疱瘡除けの人形玩具で、この絵を描いた川崎巨泉《かわさききょせん》は人魚洞と号した郷土玩具の草分けである。この地域では疱瘡除けのまじないとして張子製の玩具を贈る風習があり、男の子用に猩猩・小法師、女の子用にぴんぴん鯛が贈られた。

十　環境の時代の疫病

B　昭和三十五年（一九六〇）、厚生省は小児麻痺（ポリオ）ワクチンを生後六か月から一歳六か月の幼児百三十万人を対象とする予防接種計画を決定した。これは昭和五十一年一月から六月にかけてと、この年にも流行したことによるもので、翌年六月に北海道に続いて、九州七県でも流行し、初めて生ワクチン三十五万人分が投与された。

A　この時の生ワクチンは三月に緊急輸入したものが使用されている。

B　昭和三十九年（一九六四）に国産小児麻痺ワクチンが完成し、各都道府県に配布され、二月二十日から投与された。翌年五月、三重県四日市《よっかいち》市は、国に先駆けて独自の公害認定制度を発足し、公的機関では初めて「公害病」の言葉を使った。同制度は、ぜんそく患者の医療費を市費、県費補助、企業補助で捻出するもので、翌年三月から施行された。

A　いよいよ君が主張する環境の時代に入ったんだ。それとともに疫病の在り方は変化してきたのかな。

B　そうね、たとえば昭和四十三年七月のインフルエンザが「香港風邪」と称されたように、流行が中国から香港に広がると、香港の研究者がウイルスを分離、世界各地の研究所に検体を送付し、新型インフルエンザH3N2であることが判明した。世界的に大流行し、日本でのインフルエンザの患者数は二百九十六万九千人に達しているが、諸外国との関わりから疫病の流入が多くなった。

A　この時の症状は穏やかだったような気がするな。

B　それはアジア風邪によって、人々が部分的に感染防御免疫を獲得していたことによると見られている。昭和五十二年二月に神奈川県では、B73型ウイルスによる集団風邪で県下の幼稚園・小中学校など百八十二施設、八千五百九十三人が欠席した。三月には、昨年に続いて風疹が大流行し、秋から中学三年生の女子に風疹の予防接種義務化を閣議決定した。

　コレラは同年十月に横須賀市の菓子商が東南アジア旅行から帰って、検査の結果真正コレラ患者と判明、翌年横浜市鶴見《つるみ》川河口付近からコレラ菌を検出、生麦《なまむぎ》運河を閉鎖して消毒、六月にコレラ菌の終息宣言が出されるが、十一月に東京上野《うえの》の池之端《いけのはた》文化センターでのコレラ集団感染事件がおき、神奈川県にも波及し、五人の保菌者が出た。

A　外国から流入することが多くなり、各地でコレラが散発的に発生したことがわかる。調べてみると、コレラ終息により、平成十九年に空港や港湾で病原コレラ菌の検出を行わなくなっている。

B　昭和五十九年（一九八四）にはインフル

エンザB型が流行、幼稚園から高校まで六万五千二十三人が罹患し、延べ六七八五クラスが学級閉鎖した。

A　季節型インフルエンザだね。

B　平成二十一年（二〇〇九）に新型インフルエンザが流行、感染力は強いものの、病状は重篤ではなかったが、三年後の五月、発生した際には、その対応、臨時の予防接種の実施方法を規定した「新型インフルエンザ等対策特別措置法」が公布された。

A　あの頃は何が新型なのか、と不思議に思ったものだが、あとでA型のH1N1型と知った。

B　平成二十四年、全国的にインフルエンザが大流行、四十二都道府県で「警報」レベルを超え、この十年で最悪の流行となり、二月末までに患者数は百七十五万に達した。十二月二十三日頃、宮崎県の医療法人春光会東病院で入院患者や職員など四十四人が嘔吐《おうと》や下痢を訴え、うち高齢の患者六人が死亡。十一月から流行の兆しが見え始め、過去最悪の流行になった二〇〇六年に次ぐ勢いで感染が広がった。

A　ノロウイルスとは何ともおかしな名称だが、世界中で蔓延しており、汚物に付着して感染、特に重篤な症状はない、と聞いたことがある。

新型コロナ流行

B　二〇一一年に東日本大震災が起きてから、地域社会の再建が課題となった。人口減少による農村の過疎化が進行、都市の中心部の空洞化が始まるなかで、新型コロナが流行するようになった。

A　中国の武漢《ぶかん》にある細菌研究所の研究者が発症したという情報が正月に届くなか、間もなく新型コロナの流行が世界的に拡大したことをよく覚えている。

B　日本でも正月に患者が現れ、二月に拡大し始め、横浜港碇泊《ていはく》のクルーズ船の患者を救出したのはこの頃であり、三月になって安倍《あべ》首相が突然に全国の学校の閉鎖を指示、オリンピック開催を来年に延期し、四月に「アベノマスク」を配布、四月に緊急事態宣言を発出した。

A　特に積極的な対応はとらなかったように思うが。

B　ソーシャル・ディスタンスの確保、「三密」「会食」の回避などを求め、一〇万円の給付金を個人に支給したが、それ以外に補助金のほか特に社会的政策を進めなかった。

A　厚生労働省はどんな感染症対策をとったの。

B　戦後の様々なワクチン禍事件で訴訟されたことや、二〇〇三年のサーズウイルスの世界的流行や二〇一五年のマーズウイルスの韓国での流行の影響を受けていたことなどから、対応は積極的ではなかったといわれている。

A　タカをくくっていたんだ。そのうち感染がおさまると思って。社会主義的政策と批判されるので控えていたのかな。

B　これは主義の問題ではない。いかなる国家でも、社会政策は必要だ。その後、安倍首相は病状悪化を理由に退陣、菅《すが》内閣が誕生して、デジタル改革、温暖化対策を掲げるなど、社会政策を掲げたことから期待が集まった。

A　でも菅首相は官房長官の時から、ゴートゥー・トラベル、ゴートゥー・イートを推進するなど、経済政策を優先にしていた。就任とともに自助・共助・公助を標榜し、コロナ禍における社会政策には前向きではなかったが。

B　首相の信念はそれなりにわかるが、この緊急事態にあっては、公助を優先する、と表明し、積極的社会政策を推進すべきだったろう。

　ワクチンの確保も遅く、年末になって感染者の増加により慌てて、緊急事態宣言を出す始末、増えるであろう感染者を収容する病院への対策は遅れ、ようやくワクチンの目途が付いたとして、大規模接種を五月から開始し、一年延期していたオリンピックを「安心・安全」に開催するとした。
A　諸外国のようなデモが起きないのが不思議なくらい。国民はおとなしいね。ところで君は復興五輪の名目でのオリンピック開催についてはどう考えたの。中世の例から見て、祇園祭や永長の大田楽、寛正の猿楽能など、疫病の時だからこそ、祭は盛大に行われた。
B　復興五輪のはずが、コロナ克服の証《あかし》としての五輪開催が名目になってしまい、ついには国会答弁で、往年の自分の思いを語って、若者が前に進むようになる五輪を開催したいと、トーン・ダウンした。そうではなく、オリンピック開催の意義をきちんと説明し、その上で、ぜひ開催したいので、政府は十分な措置を講じる故、国民にはこうして欲しい、と強く訴えるべきだった、と思う。
A　なるほどね。では、今後、取るべき政策はどのようなものなの。
B　踏み込んだ環境政策、地球温暖化に対応したカーボン・ニュートラルを早期に進めること、遅れていた医療システムの構築と本格的な感染症対策を行うこと、これらの政策をきちんと進めれば、弱者救済に繋《つな》がり、雇用が創出され、経済の好循環を生むことになる。場当たり的な政策ではなく、将来を見据えた本格的政策だ。
A　そうか、それが君のいう「社会」の時代のあるべき社会政策なのか。
B　環境の時代のその先の「社会」の時代には、社会に関わる問題がこれから次々に生まれてくる。社会システムは大きく変わらざるを得なくなり、政治には様々な社会政策が求められ、経済や文化も社会との関わりが大問題になってくると思う。
（二〇二一年一〇月一五日）

参考文献

1　小鹿島果編『日本災異志』五月書房　一九八二年（復刊）
2　富士川游『日本疾病史』平凡社　一九六九年（復刊）
3　宮田登『近世の流行神』評論社　一九七二年
4　昼田源四郎『疫病と狐憑き』みすず書房　一九八五年
5　小森秀治『横浜疫病史年表』横浜市衛生局　一九九〇年
6　川村純一『石のカルテ　房総の病気を治す石造物』崙書房出版　一九九三年
7　五味文彦『《物語の舞台を歩く》10. 義経紀』山川出版社　二〇〇五年
8　新村拓編『日本医療史』吉川弘文館　二〇〇六年
9　宮田登『海と山の民俗』（『宮田登　日本を語る』十四）吉川弘文館　二〇〇七年
10　大島建彦『疫神と福神』三弥井書店　二〇〇八年
11　青木歳幸『江戸時代の医学』吉川弘文館　二〇一二年
12　大島建彦『災厄と信仰』三弥井書店　二〇一六年
13　内海孝『感染症の近代史』山川出版社　二〇一六年
14　関根達人『石に刻まれた江戸時代』吉川弘文館　二〇二〇年
15　磯田道史『感染症の日本史』文藝春秋　二〇二〇年
16　島田裕巳『疫病退散』サイゾー　二〇二〇年
17　高橋敏『江戸のコレラ騒動』 角川ソフィア文庫　二〇二〇年
18　畑中章宏『日本疫病図説』笠間書院　二〇二一年
19　東京大学史料編纂所データベース
20　五味文彦『文学で読む日本の歴史』全五巻　山川出版社　二〇一五年から二〇二〇年

著者／五味文彦（ごみ ふみひこ）
1946年、山梨県生まれ。東京大学名誉教授、放送大学名誉教授。専門は日本中世史。『中世のことばと絵』（中公新書）でサントリー学芸賞、『書物の中世史』（みすず書房）で角川源義賞を受賞。著書に『武士論』（講談社選書メチエ）、『『一遍聖絵』の世界』（吉川弘文館）、『増補『徒然草』の歴史学』（角川ソフィア文庫）、『殺生と信仰―武士を探る』『後鳥羽上皇』（角川選書）など多数。編著書に『現代語訳 吾妻鏡』(全16巻、別巻1、共編、吉川弘文館、毎日出版文化賞)など。

疫病《えきびょう》の社会史《しゃかいし》

2022年10月25日　初版発行

著者／五味文彦《ごみふみひこ》

発行者／青柳昌行

発行／株式会社KADOKAWA
〒102-8177　東京都千代田区富士見2-13-3
電話　0570-002-301(ナビダイヤル)

印刷・製本／図書印刷株式会社

本書の無断複製（コピー、スキャン、デジタル化等）並びに
無断複製物の譲渡及び配信は、著作権法上での例外を除き禁じられています。
また、本書を代行業者などの第三者に依頼して複製する行為は、
たとえ個人や家庭内での利用であっても一切認められておりません。

●お問い合わせ
https://www.kadokawa.co.jp/(「お問い合わせ」へお進みください)
※内容によっては、お答えできない場合があります。
※サポートは日本国内のみとさせていただきます。
※Japanese text only

定価はカバーに表示してあります。

©Fumihiko Gomi 2022　Printed in Japan
ISBN 978-4-04-400719-5　C0021

デザイン＝華本達哉(aozora)
図版作成＝小林美和子